本书为四川省哲学社会科学重点研究基地川菜发展研究中心项目"成都饮食旅游目的地饮食文化品牌空间环境研究"（项目编号：CC21G21）的结题成果。

巴蜀文化与餐饮空间设计

蒋梦菲 单宁 著

华中科技大学出版社
http://www.hustp.com
中国·武汉

内 容 简 介

作者站在设计学的角度,首先对巴蜀文化的发展过程做了梳理回顾,从建筑元素、手工艺元素、三国元素、餐饮文化元素这四个方面归纳和总结了巴蜀文化元素的艺术特征,具体分析了餐饮空间中巴蜀文化元素的创新与应用。最后概括性地总结出了餐饮空间地域性设计方法,从而指导设计实践活动。在此基础上归纳了提升川菜和中国饮食文化空间设计的设计原则,以及未来巴蜀文化风格的餐饮空间的发展方向。

图书在版编目(CIP)数据

巴蜀文化与餐饮空间设计/蒋梦菲,单宁著.—武汉:华中科技大学出版社,2022.11
ISBN 978-7-5680-8802-2

Ⅰ.①巴… Ⅱ.①蒋… ②单… Ⅲ.①巴蜀文化-应用-饮食业-服务建筑-室内装饰设计 Ⅳ.①K871.34 ②TU247.3

中国版本图书馆 CIP 数据核字(2022)第 202457 号

巴蜀文化与餐饮空间设计 蒋梦菲 单 宁 著
Ba-Shu Wenhua yu Canyin Kongjian Sheji

策划编辑:彭中军	
责任编辑:段亚萍	
封面设计:孢 子	
责任监印:朱 玢	
出版发行:华中科技大学出版社(中国·武汉)	电话:(027)81321913
武汉市东湖新技术开发区华工科技园	邮编:430223
录 排:武汉创易图文工作室	
印 刷:湖北新华印务有限公司	
开 本:889mm×1194mm 1/16	
印 张:6	
字 数:146 千字	
版 次:2022 年 11 月第 1 版第 1 次印刷	
定 价:45.00 元	

本书若有印装质量问题,请向出版社营销中心调换
全国免费服务热线:400-6679-118 竭诚为您服务
版权所有 侵权必究

蒋梦菲,讲师,艺术学博士在读。创新创业导师、全国信息化工程师、四川旅游学院"双师双能型"教师,2020年度优秀共产党员,长期从事高校设计教学及社会设计实践等相关工作。

个人主要研究方向:环境设计。

社会荣誉及兼职:全国信息化工程师、创新创业导师、展示设计师、中国工艺美术协会会员、四川兀托邦文化传播有限责任公司创始人兼设计总监。

教学与科研:先后主持教研项目3项,其中省部级项目1项;参与纵向科研项目23项,其中横向项目3项;在专业及核心期刊发表论文13篇,其中中文核心论文2篇;出版《世博会展示设计研究》学术专著1本,参编《三维软件应用》《建筑制图与识图》教材2本。目前获得中华人民共和国国家知识产权局授权的国家专利6项,其中3件作品获得国家实用新型专利,3件作品获得国家外观设计专利。获得各种教学奖项及荣誉20余项,其中包括第七届四川省国际"互联网+"大学生创新创业大赛优秀指导教师、第八届全国高校数字艺术设计大赛优秀指导教师奖。

主要实践作品:曾主持九江云景湾度假酒店、南昌砂锅饭大排面、成都朴火火烤肉等餐饮空间设计,成都魅客科技桐梓林旗舰店、甘孜县森珠达孜王宫展厅、甘孜县农耕展览馆、甘孜县走马文化展览馆等展示设计项目,实际设计项目共计7项。

单宁,副教授,艺术学博士在读。四川旅游学院"双师双能型"教师,长期从事高校设计教学及社会设计实践等相关工作。个人主要研究方向:展示空间设计。

社会荣誉及兼职:中国建筑学会室内设计分会会员、中国工艺美术协会会员、中国西部陶艺文化中心委员、四川省照明电器协会照明设计专业委员会委员、全国信息化工程师、创新创业导师、华中科技大学出版社艺术系列图书评审专家、《当代旅游》杂志审稿专家、成都四方吉意装饰工程设计有限公司创始人兼设计总监、第二十六届中国国际家具展览会绿色搭建大奖评审委员会委员、第九届及第十届全国高校数字艺术设计大赛评审专家、第九期全国高等学校会展类专业实践教学骨干教师研修班暨全国高级会展职业经理人高级展示设计师研修班培训专家、全国高校商业精英挑战赛会展专业创新创业实践竞赛专家评委。

教学与科研:先后主持教研项目7项,其中省部级项目4项;主持的"展示设计"课程获得教育部主办的全国多媒体课件大赛一等奖及微课大赛二等奖;主持4项省级精品课程,分别是四川省省级精品在线开放课程、四川省省级应用型示范课程、四川省省级混合式一流本科课程、四川省省级线上一流本科课程;主持获得校级教学成果三等奖。主编《展示设计》《展示设计与工程》《三维软件应用》《景观设计基础》等教材7部;主持和参与省部级、地厅级科研项目20项,其中主持5项;在专业及核心期刊发表论文26篇;出版《展示空间案例分析》《世博会展示设计研究》学术专著2本。目前获得中华人民共和国国家知识产权局授权的国家专利12项,其中5件作品获得国家实用新型专利,7件作品获得国家外观设计专利。获得各种教学奖项及荣誉40余项,指导大学生科研项目5项,其中1项为国家级大学生创新创业训练计划。

主要实践作品及获奖:曾主持中国核动力科技馆投标方案设计、核动力研究设计院反应堆燃料及材料重点实验室展厅设计、万科展厅设计、威海市尚山镇政企沙龙展厅设计、鸿源门窗专营店建筑外观及展厅设计、"看四川·看世界"全球推介活动外交部美食展台设计、四川文化艺术学院校园景观设计、成都海洋之恋主题酒店设计等实际设计项目46项。获得新加坡金沙艺术设计大赛银奖、国际环保公益设计大赛银奖、日本概念艺术设计奖铜奖等国内外各类设计奖项76项。

前言 PREFACE

　　巴蜀文化是中国传统文化的重要组成部分,巴蜀文化是巴蜀人民的生活方式和价值观念的体现,它包括了许多方面,当然也包括了饮食文化。本书围绕巴蜀文化与餐饮空间设计之间的关系,紧密结合川菜及中餐行业产业的需要、问题和自身优势,将巴蜀文化元素融入现代餐饮空间设计中,提升餐饮空间的文化底蕴,让消费者感受巴蜀文化的魅力,让餐饮空间成为巴蜀文化传播的重要媒介。

　　作者站在设计学的角度,首先对巴蜀文化的发展过程做了梳理回顾,从建筑元素、手工艺元素、三国元素、餐饮文化元素这四个方面归纳和总结了巴蜀文化元素的艺术特征,具体分析了餐饮空间中巴蜀文化元素的创新与应用。最后概括性地总结出了餐饮空间地域性设计方法,从而指导设计实践活动。在此基础上归纳了提升川菜和中国饮食文化空间设计的设计原则,以及未来巴蜀文化风格的餐饮空间的发展方向。本书笔者对巴蜀地区的餐饮空间做了一次有意义的资料收集和整理,并对大量的实景图片进行记录,以期对未来的巴蜀地域性设计有所启发。

　　本书内容是在整理讲稿和教案的基础上形成的,同时参考并借鉴了不少国内外相关方面的书籍。由于作者学识水平有限,书中难免存在着一些不妥之处,还请前辈和广大读者予以批评指正,以便在今后的教学与实践中改进和完善。最后要特别感谢川菜发展研究中心项目的资助,华中科技大学出版社对本书出版的支持与帮助。

目录 CONTENTS

第1章 巴蜀文化概述/1
 第一节 巴蜀文化的定义/2
 第二节 巴蜀文化的特征/2
 第三节 对巴蜀文化的理解/5

第2章 巴蜀文化元素的艺术特征/9
 第一节 巴蜀建筑元素/10
 第二节 巴蜀手工艺元素/13
 第三节 巴蜀三国元素/19
 第四节 巴蜀餐饮文化元素/21

第3章 巴蜀文化元素的创新与应用/31
 第一节 餐饮空间设计中巴蜀文化的艺术表达/33
 第二节 餐饮空间设计中巴蜀文化元素的应用/37
 第三节 巴蜀餐饮旅游资源开发/52

第4章 巴蜀文化风格餐饮空间设计原则/57
 第一节 餐饮空间设计实操要点/58
 第二节 巴蜀文化风格餐饮空间形式美/61
 第三节 巴蜀文化风格餐饮空间案例分析/66

第5章 巴蜀文化风格餐饮空间的发展趋势/79
 第一节 人性化/80
 第二节 智能化/83
 第三节 可持续发展/84

参考文献/89

第1章 巴蜀文化概述

第一节　巴蜀文化的定义
第二节　巴蜀文化的特征
第三节　对巴蜀文化的理解

第一节 巴蜀文化的定义

巴蜀地处长江上游,主要为四川盆地及其附近地区,即今四川、重庆、陕南、黔北、昭通、鄂西等地,民族主要包括汉、藏、彝、苗、回等。而巴蜀文化以其得天独厚的地理特点,兼容了东西南北文化,巴蜀还具有丰富的物产资源。巴蜀经过先秦、两汉、魏晋南北朝、隋唐、宋元、明清各个朝代的发展,构成了中华文明极富地域特色的一个重要区域。其地理位置具有神奇、多样、向心、交汇等特征,是名副其实的聚宝盆。

近年来考古新发现证明:巴蜀地区乃是人类起源、农业起源、文明起源的重要发祥地。著名考古学家和巴蜀文化专家林向教授认为,巴蜀文化有狭义和广义之分。

狭义的巴蜀文化:大约春秋战国、秦汉时期,以分布在四川盆地及其邻近地区的古代巴、蜀为主的族群的先民们留下的文化遗产,在中华文化中影响至深,前后延续上千年。

广义的巴蜀文化:从古至今包括四川省和重庆市两者及其邻近地区在内的,将各少数民族文化包括在内的,以历史悠久的巴文化和蜀文化为主体的文化的总汇。

巴蜀大地上自古以来所发生、发展起来的文化,是巴蜀文化时空范围的基本界定。在著名的历史学著作《华阳国志》中对巴蜀文化范围有非常明确的界定。它是从巴、蜀这两个东周时期的国家角度来界定的。其中,关于巴的范围是这样界定的:"其地东至鱼复(今重庆奉节),西至僰道(今四川宜宾),北接汉中,南极黔涪(今贵州遵义)。"关于蜀的范围是这样界定的:"其地东接于巴,南接于越(今中越交接之处),北与秦(秦岭)分,西奄峨嶓(今川西高原)。"

巴蜀文化区主要是我国现如今行政区划中的四川省以及重庆地区,在古代巴蜀文化主要是以重庆地区为中心,不断地向外进行辐射。而巴国的第一个首都建立在我国现如今的湖北省长阳土家族自治县,后来不断地在重庆地区得到发展。古蜀主要是由三个民族融合而成,早在西周时就成为一个单独的国家,并且与夏同源。由于战争等文化的交流,巴蜀文化在战国之后得到进一步的融合,并且在西周时期就已经与黄河流域的民族进行相互的交流。巴蜀文化得益于这一地区独特的自然环境,在不断的对外融合之中,仍然保持着自身独特的特点,历经千年的演变,成为中华文明中一个特殊的地域文化。

第二节 巴蜀文化的特征

对于巴蜀文化的特征,在学术上主要有以下三种观点:第一种是由四川社科院刘茂才先生提出,他认为巴蜀文化具有强烈的开放性,并且在对外交流中使得自身的创新性得到充分的体现,从这个角度来看它是完美的;第二种则是由谭继和先生提出,他认为巴蜀文化是由独特的自然环境所创造的,地形上的奇异,使得文化具有独特的神秘性;第三种是由四川大学的罗志田教授提出,他认为巴蜀文化具有强烈的包容性,具体的体现,主要是在巴国建立及后面的发展过程中融合了一些周易之学等各种文化,同时在我国历史的演变过程中,巴蜀地区的人主要是由移民构成,因此移民带来的各种各样的文化,使得巴蜀地区的自身文化与外来文化之间不断得到交流与融合,从而形成了自身独特的魅力。从历史时期来看,主要是在秦汉时期形成了第一次文化交流与融合,并且完成了自身的转型。同时在后面的发展过程中,移民的不断进入使得巴蜀文化与中原地区的文化不断交流,并且共同成为中华文化的一部分。当然即使这样,巴蜀文化仍然保留了自身的独特性,但是与中华文化之间也存在着一定的相似性。

比如在巴蜀地区出产的说唱俑,它的形态憨态可掬。而出土的商代晚期太阳神鸟金饰也体现出巴蜀这一地区文化的昌盛,并且拥有自身独特的特点。而最能表现巴蜀地区经济繁荣的,就是我国乃至世界上的纸币最早发源于此,当时被称作交子。不同时期的文物体现出不同时期的特点,但是共同构成了巴蜀这一地区的特殊文化,并且显现出它的审美情趣。

秦汉时期可以看作巴蜀文化的转型时期,巴蜀文化是由巴文化和蜀文化经过秦汉时期融合在一起构成的。秦并巴蜀,移民入川加快了巴蜀地区与中原地区的交流,巴文化和蜀文化共同汇入了中华文化之中。巴蜀文化具有它的特殊性,同时也具有与中华文化的一致性和共通性。在巴蜀地区出土的东汉时期的说唱俑,形态憨态可掬、圆润可爱,一张脸上笑呵呵;商代晚期的太阳神鸟金饰以及广汉三星堆出土的青铜面具和青铜神树都反映出巴蜀之地文化的繁荣昌盛;经济上更是出现了世界上最早的纸币"交子"。而不同时期的文物可以体现不同时期的文化特征与时代背景,巴蜀之地的文化印证了巴蜀的审美意识产生以及对其后来巴蜀文化审美的潜移默化的影响。

为了更好地挖掘巴蜀文化的内涵,使其为巴蜀地域餐饮空间设计服务,我们就要对巴蜀文化的特色进行归纳与总结。巴蜀文化的特色主要包含以下四个方面。

一、巴蜀文化具有包容开放的特色

巴蜀地域辽阔,自然条件优越,尤其是成都及其周边地区。在这样优越的地理环境下,巴蜀人民本身可以自给自足,但他们并不满足于现状,很早就有意识地走出巴蜀地域的崇山峻岭。统一王朝也很注重巴蜀与其他地区的往来,如秦国兼并巴蜀之后大规模修筑栈道,加强了巴蜀与关中地区的联系,在《战国策》《史记》中都讲到了交通的畅通状态,其原话是"栈道千里,通于蜀汉"(如图1-1)。巴蜀地域与外界畅通的交通,使得该地域很早就形成了开放的文化特点,再加上本地历史上有五六次大规模的移民,使得该地域的文化具有包容的风格。

二、巴蜀文化具有忠勇信义的特色

巴蜀作为我国一个重要组成部分,自古以来就一直趋向统一、维护统一、认同中华、认同统一、忠于民族、忠于中华、忠于祖国。如:近代抗日战争时期,在民族危亡的时刻,巴蜀作为全国抗战的大后方,前后有三百多万壮士奔赴战场。巴蜀文化还崇尚信义。如:历史上成都很早就

使用了交子作为一种纸币进行贸易,在那个年代用一张纸就可以交换大量的货物,足见当时巴蜀地域经济发达、秩序井然且人们崇尚信誉(如图1-2)。

图1-1 巴蜀古栈道

图1-2 交子

三、巴蜀文化具有崇教尚文的特色

巴蜀在历史上是最早由地方政府举办学校的地方。《汉书》中记载,汉景帝时期蜀郡的郡守文翁率先在天下举办郡学,这比汉武帝时期的太学还要早。因此,巴蜀文化历来就讲究崇教尚文的文化精神。

四、巴蜀文化具有尊经贵道的特色

巴蜀文化很早就崇尚经典、重视道,这里的道不仅包括道家意义上的道法自然,还包括与道家、道学密切相关的道教。巴蜀地域是道教的发祥地,道包括天道、地道、人道,就是指宇宙万物、自然界及人类自身的发展规律。如:巴蜀地域著名水利工程都江堰就是道法自然、贵道文化的一种体现(如图1-3)。

图 1-3 巴蜀地域著名水利工程都江堰

第三节 对巴蜀文化的理解

巴蜀地区经过中华文明上下五千年的发展,是风光秀丽的天府地区,具有生态文化之美与历史文化之美。它人杰地灵,是文化巨人的故乡,也是英杰伟人的故乡。

"自古文人多入蜀",唐代诗仙李白、诗圣杜甫等大批文人义士都曾云集在此。李白曾在《蜀道难》中写道:"噫吁嚱,危乎高哉!蜀道之难,难于上青天。"来形容蜀道是多么难于攀登。而诗圣杜甫也曾在《成都府》中表达了他初到成都时喜忧交集的感情。下面笔者主要通过人、教、俗三个方面谈下对巴蜀文化的理解。

一、人

巴蜀地区人杰地灵,融合了各个民族文化与民族风俗。不同地区的人在这里生根发芽,融会贯通,使更多不同的民族文化、不同的民族风俗以及不同的民族与巴蜀本身的文化、民族风俗交融碰撞。清朝有一次大规模人口迁徙到四川的运动——湖广填四川,而这次人口迁徙活动,使越来越多的人涌入四川盆地这个聚宝盆,使巴蜀文化体现出以移民文化为载体所表现出的兼

容性、多样性和交汇性特征。巴蜀文化应当属于移民文化。

二、教

据史籍记载,巴蜀是道教的发源地,道教的创始之地就在巴蜀(如图1-4)。道教由巴蜀之地产生,经由其发展。古代巴蜀也经由道教的发展被蒙上了独特的宗教文化色彩。而后来在巴蜀发展起来并影响深远的佛教,是经过传播进入西南最富庶的地区巴蜀。佛教在巴蜀的传播较为广泛,在南北朝时期,佛教由南北交错传来,遍及巴蜀及各个地区,给巴蜀的历史文明带来了深远的影响。

三、俗

川剧是巴蜀地区很重要的象征,川剧是巴蜀地区具有非常高的文化价值、历史价值、情感价值、经济价值的文化瑰宝。变脸更是川剧的独特技艺。变脸是以巴蜀地区独特的民俗为基础,通过对人物的深度剖析而进行的艺术创作(如图1-5)。而如今,川剧正处于消逝的危险之中,我们希望能够重视以及保护这项重要的文化遗产,让它在以后的日子里得到继承和发展。

笔者认为巴蜀文化的特征是由于它独特的生存环境、文化载体、精神个性以及独特地理文化造成的特征,使它具有兼容性,对于不同民族、不同文化、不同想法个性的兼容性。它的开放性,是由于巴蜀地区的特殊地理位置,对巴蜀文明的产生、发展、演变所带来的深刻影响,它包于山中,却又开放于世。巴蜀地区不管是过去还是现在,都对整个中华地区的文化、历史以及发展变迁产生了不可磨灭的影响。总而言之,从古至今各个时代潮流以及历史的不可抗拒的影响,使巴蜀审美文化具有了现在的特征。

图1-4 道教发源地之一青城山

图 1-5 川剧变脸

第 2 章 巴蜀文化元素的艺术特征

第一节　巴蜀建筑元素
第二节　巴蜀手工艺元素
第三节　巴蜀三国元素
第四节　巴蜀餐饮文化元素

第一节 巴蜀建筑元素

生产经济的开放性与多样性,促使巴蜀各类文化相互融合,在繁荣的基础上更兼具较强的包容力。巴蜀古建筑如广汉三星堆文化遗址中挖掘出的"木骨泥墙"、成都十二桥商周干栏式建筑遗址,都是我国传统木结构建筑的起源,这些都奠定了巴蜀建筑文化的地位。

1995年以来,考古学家相继在成都平原发现了新津宝墩古城、都江堰芒城、郫都三道堰古城、温江鱼凫城、崇州双河古城、崇州紫竹古城等古蜀城址,这些远古之城群被命名为"宝墩文化"。而在所有城址里面最具代表性的,还要属面积最大、内容最丰富的宝墩古城。宝墩古城修筑于距今3700—4500年前的古蜀时期,位于现在的新津区宝墩村,后续由于战事及经济中心转移被遗弃,历史上一直是"军事要塞",整个平面呈长方形,东北—西南朝向,西南和西北的墙面相接处,依然能清楚地看见保存完好的千年夯土,因此宝墩文化成了孕育三星堆文化的摇篮。

芒城遗址中有一座编号为"5"的双间长方形套房,总面积50.73平方米,一间朝向北、一间朝向南,中间隔有一扇门,在北间的角落有一块垫土的地台,比周围高0.15米,黄褐色的土块是火烧过的痕迹,推断是简易的灶台。十二桥遗址的建筑手法相较于宝墩和三星堆时期在建筑技术上有所发展,蜀民开始注重室内的地面防潮处理,会在民居地面铺设圆木或木板,竹编墙多为3米,房间宽敞明亮(如图2-1和图2-2)。

图2-1 宝墩文化时期建筑

图 2-2 古蜀先民深入成都平原扎根繁衍

东晋常璩撰写的《华阳国志》中提到,秦时期成都修建,已"与咸阳同制"。咸阳是秦国的首都,从那个时期的社会生产力方面来看,能与首都同制的城市全国应该不会太多。而该书还记载了渝州山城依山而建的吊脚楼,根据山势地形布置建筑形态距今已有两千年历史。

唐宋时期"扬一益二"证明成都在全国的经济实力,巴蜀建筑也达到了前所未有的发展。从墓内出土的汉代画像砖、画像石中都有对当时建筑的记录,可惜木结构在南方地区不便保存,江油窦圌山云岩寺的转轮藏是宋代建造的木作精品(如图 2-3),是四川省目前保留最完整的宋代木构建筑。从大足石刻中表现出来的建筑雕塑可以看出,当时的巴蜀建筑技术水平并不低。纪念碑式的石质建筑汉阙是巴蜀古建筑中不可或缺的部分。

峨眉山飞来殿是元代保存下来的巴蜀建筑,也是最早的古代木构殿宇建筑。在《梁思成西

图 2-3　江油窦圌山云岩寺的转轮藏

南建筑图说》中用"外壁施额枋二层,其间置心柱一处,犹存唐宋遗风"来描述飞来殿,而书中所讲解的建筑手法,在国内存留下来的古建筑中是非常少见的。其中飞来殿大门口那宏伟盘蜒欲飞的两条蟠龙,展现了典型的宋元时期风格。除此之外,能充分展现出中国古代匠师高超的建筑技艺的作品还要提及一组以元代大殿为主体的合院式建筑群——四川阆中永安寺。从第一进院到第二进院的游览顺序,分别会看到山门、观音殿、元代大殿以及两厢,整个院落布局开合有致,高低错落,而其中像元代大殿这样的建筑单体的木构因材制宜,灵活运用大额、叉手、挑斡、斜梁等构件,用较小的材料架构出较大的空间。

　　明清时期遗留的建筑遗存较多,衙署、府邸、寺庙、会馆、民居、园林遍及各处,最为著名的要属天顺四年(1460 年)建成的报恩寺,占地近 2.5 公顷,是现今四川规模最大、中国保存最完整的明代古建筑群之一。寺庙建筑主要材料是珍贵的楠木,精美绝伦,规模宏大。报恩寺的布局很有特色,属国内唯一的宫殿寺庙混合型。梓潼七曲山大庙23座建筑群占地一万两千多平方米,从元代到民国时期的建筑风格都有包含,国内罕有。自贡西秦会馆的重叠大屋顶独具一格,屋顶造型有歇山式、硬山式、重檐六角攒尖式和重檐庑殿式,而且这些不同的造型在同一个建筑上使用实属罕见,视觉上别有一番巴蜀风味。真武山道教建筑主体建筑真武殿是明代遗构。成都青羊宫在清代重建,布局规整,中轴对称布置,不设配殿,宫内的构造数目与道教教义相合是青羊宫重要的特色。

明清时期,巴蜀地区的住宅建筑也迎来了繁荣时期,大量移民经过休养生息,人口复苏,使得巴蜀地区的生产与经济得到恢复。巴蜀地区的住宅呈现明显的南方特征,在结构上以南方的穿斗构架为主,颇具南方风格的井院式住宅与巴蜀干栏式山地吊脚楼共同构建了巴蜀民居建筑的新形象。

随着场镇的兴起,开始出现一些主要的商业街道,临街的住宅呈现商住一体的模式,一般分为两种:前店后宅和下店上宅。第一种前店后宅,考虑临街的店面非常珍贵,不设置固定门窗,与街道公共空间互为渗透。居住空间和商业空间用隔墙或天井隔开。第二种下店上宅,多半受到地形约束,没法横向延伸空间,只能多层竖向发展住宅空间。为利用更多的空间,一般采用吊脚楼的方式作为背向街道那面。两种商住一体的建筑形式灵活地解决了经营生意和居住的关系。巴蜀地区属于多雨水的气候,因此场镇建筑的沿街立面形成了挑楼式、挑檐式、檐廊式以及骑楼式等四种样式,商铺和街道过渡的空间,也方便人们遮风避雨。而相互毗邻的联排式的店宅,线状的连续沿街立面成了巴蜀场镇的视觉形象。

第二节　巴蜀手工艺元素

巴蜀的手工业生产盛况空前,经济上繁荣向上,主要体现为西汉政府在巴蜀各地设置了众多的铁官、盐官、服官等管理手工业生产的官吏。其中铁器、蜀锦、漆器、金银器等这些手工业下的精湛物件销往全国各地。蜀锦驰名天下,吸引了中原各地商人纷纷前往购置。三国时蜀汉政府在成都设立"锦官",专管蜀锦对外销售。"伎巧之家,百室离房,机杼相和,贝锦斐成,濯色江波",生动地描绘了当时蜀国织锦业的盛况。近年来在中原和西南地区出土不少秦汉时期蜀郡、广汉郡的铁器和漆器,这说明巴蜀与中原各地商贸的频繁,反映了巴蜀经济的繁荣。秦时在西南修筑五尺道,西汉时又增设西南七郡,"开关通商",进一步推动了巴蜀社会经济发展及与外界经济文化的交流。下面笔者精选了巴蜀手工艺中的典型元素蜀绣与竹编进行详细介绍。

一、蜀绣元素

古蜀第一代先王蚕丛氏,居于今天的茂县叠溪。从考古的文物中发现,1976年成都交通巷出土的一柄中原西周时期的铜戈上就有蚕形图案。1965年成都百花潭出土的战国时期的嵌错宴乐水陆攻战纹铜壶上刻有目前已知的最早的采桑图案。左思《蜀都赋》中记录当时成都城内

外桑梓连接,以"布帛金银"的富饶闻名天下。汉代的画像砖生动记录了桑园,种植桑叶。蜀锦工艺烦琐,织布效率低,"寸锦寸金"的蜀锦供给王族贵人使用。

汉代,蜀地"丝锦布帛之饶,履衣天下"来自《华阳国志·蜀志》。成都生产锦,二江之一的"检江"被称为"锦江",锦江两岸的地区被称为"锦里"。秦灭蜀后,在成都设立了织锦的管理机构"锦官",在附近建立织锦工厂"锦官城"(据考证,位于今天成都百花潭公园)。同时蜀国拥有当时最先进的织锦机器——斜织机,这台机器采用脚踏板提综开口技术。

隋唐时期,蜀锦在全国处于领先地位,唐太宗时,益州(成都)大行台窦师纶,被封为"陵阳公",负责监管设计皇家用品。窦师纶擅长绘画,织物图案设计颇有天赋,结合波斯萨珊王朝文化特点的题材和表现手法,以团窠为主题,外环围联珠纹被中式卷草纹代替,其团窠中央内饰对称,设计对鹿、对马、对鹰、翔凤、游麟等多隐喻吉祥、兴旺的图案。在张廖远的《历代名画记·卷十》中载:"窦师纶,字希言,纳言陈国公抗之子。初为太宗秦王府谘议,相国录事参军,封陵阳公。性巧绝,草创之际,乘与皆缺,敕兼益州大行台,检校修造。凡创瑞锦,宫绫,章彩奇丽,蜀人至今谓之'陵阳公样'……高祖、太宗时,内库瑞锦对雉、斗羊、翔凤、游麟之状,创自师纶,至今传之。""陵阳公样"的花纹设计,在源自西域的联珠团窠纹样的基础上,融入中国元素,创造出中国特色的团窠图案,一度成为唐代蜀锦的典范。使用的团窠分为三种:双联珠、花瓣联珠、卷草联珠;卷草环;花蕾型宝花环。陵阳公样远销丝绸之路及日本,名声在外。

唐朝,蜀地文化与多种文化交流融合。蜀锦在图案纹饰和织造技艺上都达到了新的高度。蜀锦的图案受到丝绸之路的影响,出现大量西域动物,狮子、骆驼、大象、胡人等内容成了蜀锦的题材,纹样形式以大团窠的联珠为主,呈四方连续、两方连续等多种构架。融入了绮丽精致的花鸟凤蝶的蜀锦,春光明媚、侈丽闳衍(如图2-4和图2-5)。

北宋时期,蜀锦可用来与少数民族交换战马。南宋时期,成都府锦院的锦缎产量远不够满足当时换取马匹的需求,再添置"茶马司锦院",专管茶马贸易。宋代的成都、杭州、苏州成为我国丝织业的基地(如图2-6)。

图2-4　唐代红地花鸟纹锦　　图2-5　唐中晚期黄地对鹿纹锦

图 2-6 织布机

织锦技术更上一层楼,技艺由纬锦渐渐向纬浮显花,花、地、纬组织分立转变,工匠们可以在束综式织布机上织出完整王羲之笔法的《兰亭序》。巴蜀的工匠们从唐诗"桃花流水窅然去,别有天地非人间"中获得灵感,设计出了"紫曲水图案",直至近代,紫曲水图案仍是全国各地锦缎的主要花样。

元代蜀地以发展农桑为重,成都设"转运司锦院",但规模大不如前,纹饰除继承了宋代的

风格之外,还加入了游牧民族的特色,加入金线显花的蜀锦"纳石失"或者"金搭子",后续巴蜀地区经济文化日渐衰退,被经济崛起的江南地区转而取代。

二、竹编元素

《华阳国志》中记述江原县的上、下朱邑出好麻,用羌竹筒作为盛器,装着麻纱织出的黄润细布。羌竹筒已经作为布料的外包装,提升黄润细布的附加价值。由此可见早在公元5世纪前江原先民就已经掌握了经纬交错的织造技艺,为以竹为料进行编织的手工业技术打下了基础。宋代,陆游在蜀州做通判,到道明白塔禅院造访时,写下"冷翠千竿玉,浮岚万幅屏。凭栏避微雨,挈笠遇归僧。"记录的是当时用竹笠来遮雨的情形。川西著名的竹编之乡——道明,产竹用竹距今已有两千多年历史。

道明的竹编材料主要是慈竹和白夹竹。慈竹富有弹性,不易折断,主要是制作较粗的经篾。白夹竹相比而言纤维更加密集,多制作为篾丝。远在17世纪清朝开国之初,当地农民即以扭篾绳,编鸳篼、箩筐、撮箕、笼笆为常事。部分农民还以此为业,使这门技术更加细致精进,并由此编出斗笠、凉席、素篼、花篼、提篼等物件,销往邻近诸县。道明竹编便成为老百姓购买竹编产品的首选。20世纪初的清末,道明出产的竹编儿童玩具还曾获得四川省劝业会一等奖。19世纪初到中叶的清道光咸丰年间,崇庆州(后称崇州市)人张国正酷爱竹编,在传承发扬道明竹编的基础上,将竹篾、竹丝等材料处理得非常精致,他选用瓷器、漆器来作为底胎,让竹编依附在胎上,使竹编技艺从无胎成型进入有胎依附的新阶段,瓷胎竹编的前身——有胎竹编诞生了,从而开创了独特的竹编工艺新产品。从工艺的发展来说,竹编从粗糙的农业用具过渡到生活日常用品,随着细编的普及,加入审美情趣,道明的竹编除了满足实用的功能,竹编的灯具外壳、竹的装饰界面编织品等创意从未停止(如图2-7和图2-8)。

图2-7　宽窄巷子咖啡店顶部

图 2-8　酒场合竹编灯具

第 2 章　巴蜀文化元素的艺术特征

2017年同济大学的袁烽教授设计了"竹里 IN BAMBOO"——四川崇州道明镇乡村社区文化中心,包括展示、会议及餐饮娱乐等多项功能。它是预制建材与天然竹木构成的低碳环保建筑,也是建造技术与竹编手工艺的完美结合。有名的"大象无形"的屋顶之下容纳了内与外、竹与瓦以及新与旧的关系。这个占地1800平方米的乡村建筑让"竹编之乡"崇州道明镇名声大噪,一时成为游客蜂拥而至的"网红"打卡建筑,成了带动乡村旅游的地标(如图2-9和图2-10)。

图 2-9　崇州竹里 IN BAMBOO(1)

图 2-10　崇州竹里 IN BAMBOO（2）

第三节　巴蜀三国元素

历史上蜀汉政权在四川建立，蜀汉遗迹遍布巴蜀。公元 221 年，刘备在成都称帝，国号汉，年号章武，史称蜀或蜀汉。此后曹魏、东吴、蜀汉三国相争、三足鼎立，在巴蜀大地上留下了金戈铁马的传奇故事，千年之后还能感受到当年名将辈出、革故鼎新。三国历史虽不足百年，知名度却极高。巴蜀三国文化资源丰富，深受海内外三国文化爱好者青睐。著名遗迹有成都武侯祠、阆中张飞庙、绵阳蒋琬墓、绵阳富乐山、广元剑门关、罗江庞统祠墓、剑阁觉苑寺、芦山平襄楼、梓潼七曲山大庙和诸葛亮墓地以及褒斜古栈道等。

据成都武侯祠博物馆的数据统计，四川省内各个地市县的三国遗迹有 310 余处，其中与诸葛亮有关的遗迹数量最多，占了总数的四分之一。全国最早的武侯祠在陕西汉中的勉县，但目前最有影响力的是成都武侯祠。巴蜀人民用"鞠躬尽瘁，死而后已"来表达对蜀汉丞相诸葛亮的精神赞赏，并且对他的怀念长久不衰。成都武侯祠指诸葛亮的专祠，建于唐以前，初与祭祀刘备汉昭烈帝的昭烈庙相邻，明朝初年重建时将武侯祠并入了"汉昭烈庙"，形成现存武侯祠君臣合庙。现存祠庙的主体建筑于清朝康熙十一年（1672 年）重建。

成都武侯祠,分为祠堂和陵墓、园林区及锦里古街三个部分,共占地209亩。建筑群整体黑色严肃,整个建筑群是沿中轴线对称布置的,建筑本体由低向高,高度差暗示了君臣关系。一门过来是一个门厅,跨过二门可以看到刘备神像的轮廓,神像取自汉昭烈帝上朝的形象,左边是义薄云天关羽塑像,右边是诚贯金石的张飞,刘备殿里有一篇《先主传》。两旁的穿斗式结构廊道引导建筑与主体建筑相连,包括以庞统为首的"文臣廊"和以赵云为首的"武将廊",忠廉大臣共二十八位。下十一级台阶,便来到诸葛亮的武侯祠,千百年间诸葛亮的香案鲜花不断,巴蜀人民对于诸葛亮的喜爱显而易见(如图2-11和图2-12)。

图2-11　武侯祠

图2-12　刘备像

武侯祠现存的建筑是在康熙年间重建的,是典型的清代建筑风格。大殿高度最高的就是汉昭烈殿,是九脊悬山顶,殿门前盘龙绕柱,尽显帝王风范。

第四节 巴蜀餐饮文化元素

一、川菜元素

蜀国地处平原,农业经济发达,具有得天独厚的地理环境优势,并且历史文化悠久,商贸往来交流频繁,在一定程度上体现了很大的包容性与社会文化发展的优势。以川菜文化为代表的巴蜀饮食文化无疑是巴蜀文化重要的一部分,巴蜀地区的饮食文化圈近100万平方公里,各地饮食菜肴千差万别,展现了巴蜀的物产环境、风俗人情、生活态度。四川人从古至今的美食都是川菜,这是广义上的川菜,狭义的川菜是全国人民都认可的"川鲁淮粤"的川菜菜系。

"食在中国、味在四川",川菜是全国四大菜系之一,川菜一词出现在民国初期,2021年6月"川菜烹饪技艺"入选第五批国家级非物质文化遗产代表性项目名录。巴蜀饮食文化在西汉晚期已初具规模,《史记》记载"文君当垆,相如涤器",证明蜀地已经出现了餐饮业。《华阳国志·蜀志》作者总结蜀国人有"尚滋味""好辛香"的饮食习俗。两宋时期,"川饭"成为我国餐饮的三大主流之一。这里的"川饭"是否就是指"巴蜀饮食"还有待考究,川菜的历史是巴蜀先民共同创造菜品的一个历史过程,而不是由"川菜"这个词出现的时间决定的。有学者将川菜发展史分为四个时期:第一个时期是原始川菜时期,是先秦以前的巴蜀地区原始人饮食文化;第二个时期是从秦汉到清中叶的时期,川菜兼具传统饮食文化的基本特征和巴蜀地区的特色;第三个时期是传统川菜时期,从清中叶到20世纪80年代这一百多年的时间;第四个时期是新派川菜时期,从20世纪80年代至今,在传承传统川菜的基础上新派川菜层出不穷,出现创新川菜。

考古学者在巴蜀地区先后发现了三峡地区重庆段多达50余处的旧石器时代的考古遗址,其中巫山人生活距今204万年,奉节人生活距今14万年,资阳人生活距今3.5万年。巴蜀自然环境优渥,最初先民可以向大自然索取基本的维生素和蛋白质,加以简易的烹饪技术。直到在宝墩遗址中发现了植物种子,有稻谷、粟、薏仁,说明饮食中的主食已经有了,并且巴蜀先民养殖了猪、牛、羊等家畜,人工耕种和饲养的技术的推广使得烹饪原材料更加易于获取。

农业生产的向好发展,杜宇教民务农、开明氏治水、李冰父子修都江堰,为成都平原的农田水利建设提供了良好的条件,汉代的蜀地被誉为"天府之国"。巴蜀筵宴的兴盛从出土文物中与饮食相关的宴客画像砖、庖厨俑、市井酒楼画像砖、宴饮画像砖等中亦有展现。画像砖是墓室的装饰品,也一定程度折射出汉代蜀地餐饮业的繁华和蜀地独有的饮食娱乐气质。画像砖中的酒家和饮食作坊的刻画记录了商贸的繁荣,普通百姓也有对于美食的追求(如图2-13)。

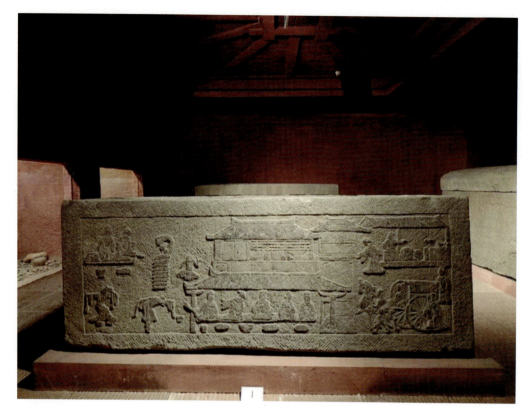

图 2-13　浮雕石棺侧板上的宴席画面

一方水土滋养了一方人，一方人文造就了一方美食。历史上不少思想家、文学家对巴蜀美食文化的发展做出贡献，杨雄在《蜀都赋》中记录了巴蜀丰富的物产资源，将巴蜀饮食文化概括为"调夫五味，甘甜之和"。左思在《蜀都赋》中称赞巴蜀地区的美食精美，集齐水陆之精华。理论与实践兼具的不在少数。而在唐宋时期巴蜀的饮食文化承接着中国经济发展的高峰期，达到了空前繁荣，唐代大诗人杜甫诗篇中留下多首赞扬蜀地美食的佳句，如"鱼知丙穴由来美，酒忆郫筒不用酤"，相传杜甫擅长烹制"五柳鱼"。大诗人陆游，长期在四川为官，离开后依然念念不忘巴蜀滋味，在《剑南诗稿》中留下来五十多首诗歌描绘巴蜀美食。苏东坡对巴蜀故里的美食情有独钟，并进行了大量的烹饪实践。李白、杜甫、李商隐等都是歌颂巴蜀美味的著名诗人。清代文学家李调元是四川罗江人，整理了重要饮食文献《醒园录》。《成都通览》作者傅崇矩等文人雅士，既是大名鼎鼎的文人学士，又是地道川菜美食家、食评家，用他们的高超文学修养为巴蜀美食注入优雅的元素。

除了官府各种常规宴集之外，晋以前有"野宴""猎宴"，五代时有"船宴""游宴"，清代有"上马宴""下马宴"。五代时期社会较为稳定，王族富豪宴饮作乐是常事，在花果飘香的园林中进行"野宴"；在空旷的平原地区举行"猎宴"；在花蕊夫人《宫词》中用"厨船进食簇时新，侍宴无非列近臣"来生动描述了"船宴"；明何宇度在《益部谈资》中提及在高山流水等自然美景中边游边吃的"游宴"，"岁时游乐，亦自古为盛。"可见在此时巴蜀先民对于用餐的环境已有讲究。

明清以来，"湖广填四川"恢复和发展了巴蜀的经济，移民带来了新的原料和烹饪技术，不断的优选、比较形成了今天的川菜菜系。移民来自十余省，占清代四川总人口的80%左右，这才有了"南菜川味，北菜川烹"。川菜包容开放的精神随处可见，比如"满族的白片肉"添加了蒜泥变成了名菜"蒜泥白肉",贵州"丁宝桢辣子鸡"加入了炸花生米成就了"宫保鸡丁"。乾隆年间《大邑县志》最早记载辣椒,清代中期辣椒进入四川,再次引发变革,巴蜀百姓吃辣的品种多、吃法多,如郫县豆瓣、辣椒粉、辣椒油、干辣椒、泡辣椒、糍粑辣椒等,其中更为重要的是做调料,比如泡辣椒、郫县豆瓣,为川菜的复合之味道打下基础。在徐心余的《蜀游闻见录》中写道,"且每饭每菜,非辣不可",足以见得辣椒在此时已深深俘获人心。

川菜在清晚期成为菜系有两个重要标志,第一是有第一本川菜菜谱《成都通览》,这本书记录了1300多道菜肴,第二出现了一批代表性的餐企及大厨(如图2-14)。为了满足达官显赫的需求,开始高档餐馆多以包席的形式出现,不接待散客,建筑外观多为深宅大院,这时的餐馆只为上层人服务。1897年,李九如在成都开办的第一家为汉人服务的聚丰园餐厅,散坐、包席一应俱全。后新修的聚丰餐馆重视布置和陈设,从进门开始,依次呈现的院子为零售厅堂和包席院。包席院有包席厅20余间,每间都有名人书画。其中有便桥跨金河两岸,庭园中有荷花池、假山、花架、亭子、盆景、石舫、水榭等园林景观,规模宏大,布置精巧。

随着以"聚丰园"为代表的一批高档餐厅的开设,营业内容兼顾包席和门市散客,一个繁荣的餐饮时代开启了。其中不乏有特色的餐厅,比如可园设有演出舞台。朵颐食堂有泡菜作坊,半人高的泡菜坛子是招牌泡菜的容器,也是一种餐饮陈设品。民国时期著名的"红色餐厅"——努力餐,其名字取自孙中山先生名言"革命尚未成功,同志仍需努力",革命饭物美价廉,吸引很多底层顾客。中国现代作家李劼人与妻子在20世纪30年代的成都指挥街开了一家名为"小雅轩"的馆子,街道两边全是吊脚瓦房铺面,布局大致呈长方形,面积约80平方米,前堂为餐馆,后屋为厨房。整个餐厅陈设都呈现出浪漫典雅之感,且按照法国的风格,餐桌为小圆桌、餐椅为靠背椅,并铺上白布做餐巾,十分雅致。1911年,"荣乐园"餐厅开业了,这个餐厅为川菜培养了大批名厨。此时,川菜达到了4000多个品种,并分为5个大类:一是山珍海味;二是家常菜品;三

图2-14 川菜群英会

是三蒸九扣；四是民间风味；五是地方小吃。第一类由于取材不易，属于高档菜，后面四类都是家常菜。民间红白喜事会在院坝中摆上"坝坝宴"（如图 2-15）。传统川菜能为大多劳动人民消费，为大多巴蜀人民喜爱才是其长盛不衰的魅力所在。

巴蜀地区地广物博，根据地理位置不同，川菜口味差异化显著，由此分为上河帮、小河帮、下河帮三个子菜系。其中上河帮主要是以成都和乐山为核心的菜品，价格亲民，受淮扬菜影响口味温和，严格传承经典菜谱，颇具典故；小河帮主要指川南的盐帮菜，以自贡和内江菜为主，以精致、奢华、麻辣、鲜香、怪异、鲜嫩、味浓为特色，被誉为川菜之首；下河帮主要是以重庆、达州、南充为中心，俗称江湖菜，其中重庆川菜大方粗犷，以花样翻新迅速、用料大胆、不拘泥于材料著称，俗称重庆江湖菜，而达州、南充川菜则以传统川东菜为主。改革开放后川菜走出国门，2010 年 2 月，联合国教科文组织授予成都"美食之都"的称号。成都作为第一个菜系产业基地，成都麻鸭、黄辣丁鱼、火锅、郫县豆瓣等几十种食品闻名于世，爆、煮、炝、熘、干煸等上百种烹饪方法早已普遍推广，在 2021 年 6 月，备受百姓喜爱甚至已走向世界的川菜传统烹饪技艺入选了第五批国家级非物质文化遗产代表性项目名录。作为川菜的发源地和发展地，成都已经成为名副其实的国际美食之都。

二、川酒元素

巴蜀自古出美酒，至今巴蜀的白酒的数量和质量在全国也是名列前茅的。巴蜀人民从何时开始酿造白酒呢？试想一下，巴蜀人民的生活从日出而作到日落而息，全是为了填饱肚皮讨生活，靠着天吃饭，但答案是截然相反的。考古学家在三星堆遗址内发现了古蜀人的生活区，在丰富的遗迹中，有不少"人间烟火"的痕迹。有上了漆的酒器和食器，有用于演奏的石磬、陶埙等乐

图 2-15　坝坝宴

器,有各种精美的家禽类陶塑等,鲜活的古蜀生活画卷已然浮现眼前。

在1986年的四川广汉三星堆第四期遗址中就发现了大量的酒器,其中包含杯、盏、缸、瓶、壶、觚、瓮等陶制酒器,还有樽、方彝等青铜制酒器,以及两尊双手过顶捧着酒樽作供奉状的青铜人像。这样的发现表明,有可能在殷商或更早的时候,在上层阶级饮酒已经相当普遍了。从酿造器具、盛酒器具、饮酒器、舀酒的勺子,蜀地的陶制酒器系列非常完备,其中有一款被学者称为"三星堆式发酵罐"的高领大罐,此罐高40厘米,腹部圆鼓,直口直领,腹部底面呈现反弧线内收,底部再接平底,整个形制的设计都是出于酿造的卫生条件和控温功能的考量。

彭州和新都还出现过内容完全相同的关于酿酒的汉代画像砖,画面中一妇人和一男子正进行蒸馏酒的生产,酒缸一字排开,酿造场景忙碌(如图2-16);从酒肆画像砖中可以清晰地看到酒肆的档口形象,老板在店中为前来买酒的客人服务,左边的人正在推着装着酒的独轮车,造型非常生动(如图2-17);以宴饮、宴乐为题材的画像砖也出土不少,宴饮场面欢愉,一人优雅抚琴助兴,长席之上男宾女客,前面两人似乎举杯开怀,有些酒醉之态;宴乐的砖块上建筑物左右两边栖息着一双凤鸟,屋内三个高帽长服的人席地而坐,举杯畅饮。

古蜀先民的好酒之风盛行,亦有文字记载,张籍在《成都曲》中写道:"锦江近西烟水绿,新雨山头荔枝熟。万里桥边多酒家,游人爱向谁家宿。"足以见得巴蜀的酒多,酒家多,酒客也多,怪不得能孕育出这么多著名的美酒。杜甫用"蜀酒浓无敌,江鱼美可求"赞美它,范成大用"云安酒浓曲米贱,家家扶得醉人归"品鉴它,而李白斗酒诗百篇,文君当垆相如当街,从诗句中都能读出川酒的浓香。唐宋时期制酒技术的发展,为巴蜀美酒打下了坚实的基础。

五粮液、泸州老窖、郎酒、剑南春、全兴大曲被誉为酒中"五朵金花",后来沱牌曲酒,变成了那第六朵金花(如图2-18至图2-20)。水井坊古老的身姿,依偎在锦江河畔已整整六个世纪,是

图2-16 酿酒画像砖

图 2-17　酒肆画像砖

图 2-18　全兴大曲宽窄巷子门店

图 2-19　国窖 1573 宽窄巷子门店

图 2-20　酒场合餐厅中泸州老窖的展台

金花里面唯一一款在大城市产出的名酒。从宋代的锦江春,到明清及近现代的福升全与全兴成,从20世纪五六十年代的成都酒厂、全兴酒厂,再到如今的水井坊。1998年8月改建厂房时,人们在无意中发现了长眠于岁月长河的古老酒坊。据统计现今已发现遗存范围是1700平方米,发掘面积为280平方米的酒坊遗迹,揭露的遗迹现象包括晾堂3座、炉灶4座、酒窖8口、灰坑4个以及路基(散水)、基座、木柱等,并出土了大量以酒具为主的陶瓷器。通过对地层关系及出土文物的研究,证明该遗址布局特征属中国古代典型的"烧酒作坊",具有明显的"前店后坊"特征。2008年6月,国务院正式公布"水井坊酒传统酿造技艺"为"国家级非物质文化遗产",这是水井坊在厚土下再次被世人所观望的荣耀,也是成都的骄傲,而这一认定,将使水井坊酒传统酿造技艺得到更有效的保护与开发利用,今天参观水井坊博物馆,还能亲眼看见传统酿造技艺的精彩展演。

被一度称为"二茅台"的郎酒,是金花里面唯一的酱香型名酒。郎酒产自四川省泸州市古蔺县二郎镇,二郎镇处于川黔交汇处,那里流传着一首关于郎酒的民谣:"郎酒好,有四宝:美境、郎泉、宝洞、工艺巧。"2020年,二郎镇天宝洞区域改造项目竣工,项目用地位于二郎镇的赤水河畔,天宝峰下的峭壁中段。峭壁上储藏郎酒的天宝洞、人和洞和地宝洞,是全球最大的天然藏酒洞群。场地在原郎酒生产片区故址重建。整个新建建筑分为架构和砌筑系统,设计将散落山间的建筑物串联组织为环形流线。基座材料选用和山体颜色接近的清水混凝土和本地石材浇筑砌叠,远看藏于山川之中。橙红色耐候钢架构悬挑于基座之上,亭台楼阁,轻盈飞扬。整个项目体现了既能融于场地,又能跳脱于山水的巴蜀想象(如图2-21)。

图 2-21 二郎镇天宝洞区域改造项目

三、川茶元素

茶水是我国传统饮料,而巴蜀地区就是我国饮茶的起源地,在《茶经》开篇中提到:"茶者,南方之嘉木也,一尺、二尺乃至数十尺,其巴山、峡川,有两人合抱者。"《茶业通史》中也提及我国最早的茶事记载都在四川。四川是将喝茶和种植茶叶发展成为产业的出发地。其中巴蜀地区的茶馆承载着重要的作用,它不仅是人们的娱乐场所、议事地点、信息中心,更是联结地方社会生活网络的一个枢纽。巴蜀茶馆及其文化乃是巴蜀生活和民生百态的一个缩影。在1935年,成都男女老少总人数还不到60万,每天茶铺的茶客约为12万,整个成都的茶馆有454家。

老虎灶也是传统巴蜀茶馆的标配,以形状而得名,堆烧柴火的炉膛好似大老虎张着的大嘴,后面一根烟囱伸到屋外就像竖起的虎尾。那个年代还没有煤、天然气等燃料,在茶馆中央红红火火地一烧,老茶馆一天热水不断,留给人的是热烈与温馨的回忆。而今老虎灶的煮茶方式肯定是与今天的低碳生活背道而驰的,在设计时不要机械肤浅地再现,设计出于传统审美视角和情感寄托,值得保留老虎灶的产品造型,里面可以是用天然气或者电力烧水,以符合现代的生活功能体验。

成都老茶馆最具代表性的物件当属竹靠椅、盖碗茶和铜质茶壶。它们不仅是成都茶馆闲适随性的大众化特质的物化形态,而且是成都茶馆令人过目不忘的图像印记,是成都茶馆的典型视觉符号。三件头的盖碗茶茶具,茶船(茶托)在下,便于端放,也不易将桌面弄湿;茶盖在上,饮茶时方便挡住茶叶入口;中间是茶碗,茶客无须自己掺茶,由茶博士(堂倌)代劳,茶博士往往技艺超群,滴水不漏。几把竹靠椅围着小矮桌,桌上摆着由茶碗、茶盖和茶船组成的盖碗茶和铜质茶壶,这样的物件布局在空间中承担了指示识别、意象表达、情景烘托、情感体验等实际功能。白色的盖碗茶茶具、黄铜色的长嘴茶壶、黑棕色的千脚泥、竹黄色的竹靠椅分别代表着成都茶馆的设计形态元素和色彩元素。通过提炼符号化的视觉语言,语义的设计方法完成了空间与人的情感交流。

巴蜀茶馆除了平民市井文化,还综合了其他文化元素。比如有"戏窝子"之称的悦来茶馆,殊不知这茶馆内的洞天,才是川剧灵魂所在。尺度不大的舞台布局在茶馆一楼的中心位置,直通二楼的天井,舞台的周围摆满了茶桌,相比现在装修精美的四川省川剧院,在茶馆小小天地里演员和观众之间是没有距离感的。悦来茶馆的魅力来自川剧。类似兼具文化载体功能的茶馆还有传承宗教文化的大慈寺禅茶堂、以曲艺表演为特色的顺兴茶馆、川味评书殿堂李伯清书院等(如图2-22和图2-23)。

图 2-22　鹤鸣茶馆

图 2-23　彭镇观音阁老茶馆

第3章 巴蜀文化元素的创新与应用

第一节　餐饮空间设计中巴蜀文化的艺术表达
第二节　餐饮空间设计中巴蜀文化元素的应用
第三节　巴蜀餐饮旅游资源开发

随着我国经济的发展以及人们物质生活水平的不断提高,人们对于餐饮空间的环境有了更高的要求。人们已经不满足于简单的就餐功能,还需要就餐环境能够满足日益增长的精神需求。当今世界是一个讲究文化多元化的时代,这就需要世界各地的文化富有独特的活力与个性,而其中涵盖各地区与民族历史文脉、社会传统、文化习俗等的地域文化就显得尤为重要。加强地域文化的传承可以有效地打破当今由于全球化进程带来的文化趋同现象,使人们在经济、文化、科技等各方面交流密切的同时,又不影响多元文化的发展。从城市发展及历史文脉的角度来看,地域文化的传承不仅是设计文化的需要,更是人类文明传承的需要。为了当今城市发展不再出现同质化的趋势,作为城市形象塑造与文化传承的餐饮空间的设计研究就具有非常重要的意义。艺术创作有的时候需要灵感,可以刻意地去追求,但越是刻意地去设计创作,反而越是远离它自然的本质,对巴蜀文化元素加以改造、提炼和运用,可以使其更富有时代特色而且更贴近自然。

巴蜀是中国历史文化及现实生活中的一个重要的区域概念,它不仅是一个地理概念,还是一个历史概念,同时还是一个具有极其丰富的内涵的文化概念。以餐饮空间设计为枢纽,通过对巴蜀文化元素的研究,寻找巴蜀文化元素与餐饮空间设计的结合,并加深人们对巴蜀地域文化的认知和了解,这样不仅加强了巴蜀地域餐饮空间设计的文化内涵,同时也为巴蜀地域文化的传承提供了一些思路与方法。

餐饮空间设计要体现巴蜀地域文化,首先就要对巴蜀地域文化及文化元素进行归纳与研究,如表 3-1 所示。

表 3-1 巴蜀地域文化及其设计元素

巴蜀地域典型文化	典型事物	设计元素提取
三国文化	武侯祠	三国人物
金沙遗址文化	太阳神鸟、金面具	太阳神鸟纹饰、金色
三星堆遗址文化	青铜人面像	面具纹饰、青铜色
熊猫文化	大熊猫	熊猫形态、黑白色
方言文化	四川话	典型四川方言词汇
茶文化	茶馆、盖碗茶	盖碗茶形态、茶绿色
竹文化	蜀南竹海、竹材	竹叶及相关形态
酒文化	川酒(五粮液、泸州老窖)、酿酒	古时酒器、现代酒瓶酒杯
历史著名人物	李冰、李白、苏轼、杜甫、邓小平、张大千等	人物形态及事迹
自然人文风光	九寨沟、峨眉山、都江堰、乐山大佛、青城山、杜甫草堂等	景区代表建筑及风景
四川民居建筑	平房青瓦顶、大出檐、穿斗式屋架	瓦片、穿斗架、青色
四川古镇	黄龙溪古镇、洛带古镇等	小巷、青石板街道
川剧或地方节日	变脸、吐火、四川皮影、自贡灯会	川剧脸谱、火纹、花灯
辣椒与花椒	朝天子海椒、青花椒、红花椒	辣椒、花椒形态及颜色

续表

巴蜀地域典型文化	典型事物	设计元素提取
竹编、藤编	瓷胎竹编、竹编器具	竹材、竹纹
川蜀漆器	漆器、成都漆艺	漆器红与黑的搭配
蜀绣	织物	织锦、锦缎的色彩与纹饰
绵阳年画	年画门神	年画图形及色彩

然而,并不是以上所有巴蜀文化元素均适合于餐饮空间设计,在这里我们就需要对巴蜀文化及元素进行归类整理。在选择巴蜀文化元素的时候要做到以下几点。首先,巴蜀文化元素的选择要注意典型性。所选文化元素一定要让大众有一个普遍的认同感,这样才能引起大众的共鸣。如:太阳神鸟文化元素就是金沙遗址文化中一个最具典型性的文化元素。其次,要注意文化元素的寓意。这样设计出来的餐饮空间才不拘泥于设计形态的变化,而是具有深厚的巴蜀文化内涵。再次,要注意文化元素设计的可行性。所选文化元素要利于餐饮空间设计,元素对工艺及成本的要求不能太高。最后,就是美观性原则。所选文化元素要符合餐饮空间设计的风格及人们的审美情趣。

第一节 餐饮空间设计中巴蜀文化的艺术表达

一、形神兼备的艺术表达

餐饮空间设计从视觉上给人最直接的感受是其形态。不同形态的餐饮空间设计从服务于人的角度来看,它更多的是提供一种使用功能;但从文化精神的层面来讲,它更多的是提供一种文化体验。随着社会的进步及人们生活水平的不断提高,人们对这种文化体验提出了更高的要求。如何通过餐饮空间设计让人们感受到不同地域的文化在当今显得尤为重要。文化符号则是这种文化体验最为直接的表达方式。美国美学家苏珊·朗格曾经说过:"我们之所以可以把握符号,是因为符号总是以简练的形式来表达它背后的深层含义。艺术是人类情感符号形式的创造。"符号不仅是人类物质文化创造的结果,同时也是精神文化创造的媒介。文化符号又具有明显的地域文化性。因此,巴蜀文化符号不仅是巴蜀文明的象征,更是巴蜀地域物质文化和精神文化表达的媒介。在进行巴蜀地域餐饮空间的设计时,我们不仅要研究巴蜀文化符号的图形、色彩、材质、纹饰等符号的外在表现部分,还要研究巴蜀文化符号背后的深层内涵与思想文化。这样才能使创作的餐饮空间设计在继承传统巴蜀文化符号的基础上更具创新性。

新技术、新材料以及新的设计观念和思维方式也为餐饮空间设计的创新提供了更多的思考维度。将巴蜀文化符号融入现代餐饮空间设计并不是简单的堆砌或叠加,而需要摆脱文化符号

的物化表象,在对巴蜀文化特色深入理解的基础上进行形神兼备的精神探索与表达。这种艺术表达要求对巴蜀文化符号进行"选择性"和"批判性"的继承与创新,而不能只是对巴蜀文化符号简单地移植或拼贴。要在当今环境中重新解读巴蜀文化及其符号,而不是一味地追求巴蜀文化符号的图案化或形式化的东西,过分强调其表面形式而忽略其文化内涵。

二、功能与审美的统一

餐饮空间设计中,功能与审美的统一体现了以人为本的设计理念。巴蜀地域很早就有以人为本的设计理念,例如:从三星堆遗址出土的青铜器可以看出,古蜀时期的青铜器不局限于礼器,还出现了大量人与神形象的青铜雕像,体现了古蜀以人为本的艺术审美情趣(如图3-1)。这种审美情趣就需要我们在进行现代餐饮空间设计的时候做到以下两点:

一是,餐饮空间设计要做到安逸舒适。由于巴蜀地域的人们很早就崇尚安逸舒适的生活,再加上餐饮空间设计的最终目的是服务于人,满足人们的各种需求,因此,对于功能性的考虑是餐饮空间设计首先需要考虑的问题。在进行巴蜀餐饮空间设计时,餐饮空间的材料、造型、色彩、比例等都要满足人机工程学的要求,使得设计出来的餐饮空间让人们得到一种舒适的体验。这也体现了一种以人为本的设计理念。例如:在设计餐厅座椅的时候,我们不仅要考虑座椅的长、宽、高等尺寸符合人机工程学的要求,还要考虑其靠背的角度,让人们背部靠上去有一种舒适感。当然,这种设计理念不仅体现在餐椅设计的尺度、角度方面,还体现在餐椅设计的色彩、材质、结构、工艺等各个方面。

二是,巴蜀餐饮空间设计要做到美观。这种美观具体包括两个层面上的意义。一方面是餐饮空间设计本身要在融合巴蜀文化符号的基础上,在造型、色彩、纹样等方面进行提炼、延伸、再造。在这里所谓提炼就是对已有巴蜀文化符号进行形式与背后文化内涵的提炼;延伸是指要用当今的视角重新审视巴蜀文化符号,对其形式及内涵进行延伸;再造就是对巴蜀文化符号进行"批判性"的继承与创新,从而创造出既有时代特色,同时又具有浓厚的巴蜀风格的餐饮空间设计。另一方面,巴蜀餐饮空间设计在自身具有一定形象美感的同时,还要与餐饮主题文化结合起来进行考虑。只有这样,餐饮空间设计才能成为城市靓丽风景线上的点睛之笔。

图 3-1　三星堆遗址出土的青铜雕像

三、生态理念的信息传达

生态理念以尊重和维护自然为前提,以人与人、人与自然、人与社会和谐共生为宗旨。从古代著名的水利工程都江堰到现代成都市的城市发展规划,可以看出巴蜀地域历来就讲究天人合一、尊重环境、道法自然、生态和谐的可持续发展观念。因此,在进行餐饮空间设计的时候,我们要从设计的理念、材料、工艺、科技、文化、后期维护、成本等多维视角去挖掘餐饮空间设计中生态理念的传达。这种生态理念在餐饮空间设计中的体现,笔者在这里主要介绍两种方法。

一是,在餐饮空间设计材料的选用上,我们可以考虑可再生材料的使用以及废旧材料的再设计、再利用。例如:竹材作为一种可再生的材料,同时也是巴蜀地域的特色材料,我们在进行餐饮空间设计时,就要考虑竹材的使用,在工艺上也可以融入巴蜀地域传统的竹编技艺。

二是,在餐饮空间设计的结构与构建上,我们可以考虑设计一些可以自由灵活拆散并重新组装的餐饮空间家具,使得一些家具即使在损坏的情况下,也可以得到重新利用,体现一种可持续的生态设计理念。

四、巴蜀餐饮空间的形态设计

在利用巴蜀地域文化元素进行餐饮空间设计时,造型元素的提取可以从四川民居建筑、生活用具、服饰纹样中实现。以巴蜀文化元素形态作为原型进行设计时,首先要满足餐饮空间的实用功能,其次要领悟巴蜀文化元素的内涵并把握其精髓,并运用艺术与科学相结合的思维与方法,从人性化的角度,不仅在物质上,更是在精神上追求传统与现代、自然与人类、艺术与技术、主观与客观、个体与大众等多元化的设计融合与创新。以太阳神鸟文化元素在餐饮空间设计中的运用为例:在这里一方面要抓住文化元素形态的主要特征,强调文化元素在餐饮空间中的形态美感特征,满足人们的审美需求;另一方面要把握元素的文化内涵。太阳神鸟元素是巴蜀人民认识自然的经验与情感积累的过程中产生的,它不仅是古蜀文化的象征,在新时代更表达了人们追求光明、团结奋进、和谐包容的精神寓意(如图3-2)。因此,利用该元素进行餐饮空间设计时,太阳神鸟文化元素的寓意对餐饮空间语义和文化特征的体现具有重要作用。

五、巴蜀餐饮空间的色彩设计

色彩是最快捷、最具感染力的一种设计手段,因此,色彩在餐饮空间设计中也具有非常重要的作用。巴蜀地域的环境、气候、风俗等对餐饮空间的色彩设计提出了不同的要求。如:巴蜀地域由于气候与环境等因素,人们喜欢吃红辣椒,因此,辣椒的红色便成为巴蜀地域一种非常具有代表性的色彩。同时,红色是最具诱目性的色彩,也是人们最喜欢的一种喜庆的色彩。在进行巴蜀地域的餐饮空间设计时,就应该在餐饮空间的色彩设计中考虑到红色的运用,使人们感受到巴蜀地域不一样的饮食文化。例如有红鸡毛店,就是以中国红的装修色彩为主,餐厅的每一处都经过精心布置,取得了较为理想的设计效果(如图3-3)。还有运用川西民居建筑风格设计的川西坝子餐饮空间,其设计运用大量青砖、青瓦的青色(如图3-4)。作为五金之首的黄金的色彩,自古以来就是人们喜欢的一种装饰色彩。太阳神鸟元素的金色最是吸引人,金色之美同阳光一般灿烂。当然,巴蜀文化元素还有很多具有代表性的色彩都可以运用到餐饮空间的设计

中，如大熊猫的黑白色、漆器的红黑色、三星堆文物的青铜色、茶文化的茶绿色等。

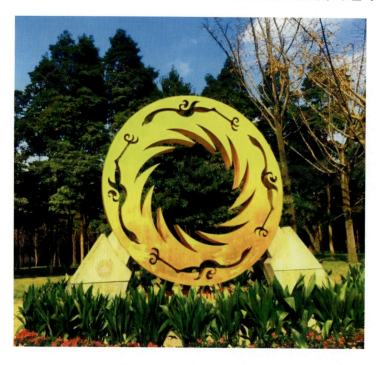

图 3-2　太阳神鸟文化元素

图 3-3　有红鸡毛店

图 3-4　川西坝子

六、巴蜀餐饮空间的材质选择

　　餐饮空间设计的材料选择很多,如木材、石材、金属、玻璃、竹材、塑料等各类建筑装饰材料。在所有的材料中最能体现巴蜀地域文化特色的材料便是竹材。川西平原盛产慈竹,竹编、藤编很早就在国内闻名遐迩。竹编技艺的发展使得竹材在巴蜀餐饮空间设计中得到了广泛的应用。除了竹材,金沙遗址与三星堆文化的古陶材质及荣昌、夹江地区的紫砂等都颇具巴蜀特色,这些材料都可以考虑部分地运用到巴蜀风格的餐饮空间设计中。

　　总之,通过分析巴蜀地域的文化特色,将巴蜀传统文化符号融入餐饮空间设计,并不是对巴蜀文化符号简单的叠加或堆砌,而是在深入了解巴蜀地域文化的基础上,进行文化符号创新性的艺术表达。本节主要从形神兼备的艺术表达、功能与审美的统一、生态理念的信息传达、空间的形态设计、空间的色彩设计、空间的材质选择六个方面,对巴蜀文化在餐饮空间设计中的艺术表达进行了具体的阐述。这不仅对于提升巴蜀餐饮空间设计的文化品位和空间意境具有重要的意义,同时也为今后类似的研究提供了一定的借鉴价值。

第二节　餐饮空间设计中巴蜀文化元素的应用

　　巴蜀餐饮品牌近年火爆大江南北,适应性和流传性非常普遍,这与巴蜀文化是朴实无华的劳动人民的文化是分不开的。巴蜀文化元素回归自然,而现代人生活节奏快,终日身居钢筋混凝土的森林中,人们的内心渴望宁静自然。巴蜀餐饮选址热衷院坝、街边餐饮,无拘无束,令人身心惬意放松。川菜常常给人一种"家厨味道"的感觉,充满市井的烟火气,让人倍感亲切。老

院坝的屋檐下,坐在长扶手、宽靠背式竹椅上,吃饭喝茶摆摆龙门阵,是巴蜀人享受生活的一种方式。再通过变脸、折子戏等川剧娱乐活动,营造雅俗共赏的多重美感。而高端宴席重在讲好巴蜀故事,体现在餐饮空间中表现为室内对称的空间布局,大量家具、陈设等上面的图案,含蓄地表达喜庆祥和、长寿多福的期望与祝愿。体验巴蜀文化,打造具有巴蜀韵味的世界级餐饮品牌,抓住"神韵"是难点。要抓住巴蜀的文化符号,例如蜀绣、盖碗茶、巴蜀书画、竹编等,有了"形"的基础,再将基本元素的外延创新拓展到餐饮空间中,融合到菜品、用餐服务。下面笔者通过中式之美及巴蜀文化元素在餐饮空间中的运用两方面,来解析巴蜀文化如何与餐饮空间设计相结合。

一、中式之美

现代巴蜀文化餐饮空间设计中的文化内涵是通过巴蜀文化符号表达出来的。西方建筑界普遍认为"人是符号化的动物",符号语言的运用已经成为人们之间沟通的重要方式。因此,如何巧妙地将巴蜀文化符号运用到餐饮空间设计中,对于强化地域性餐饮空间设计的研究有着重要的意义。其中,研究巴蜀文化符号的精神美感是研究传统文化的基础,只有更好地体会巴蜀文化的精神之美,才能更好地实现巴蜀文化符号与餐饮空间设计的结合,创造出有着民族特色的餐饮空间设计。因此,研究巴蜀文化餐饮空间设计的中式之美就有着重要的意义。

(一)中和之美

我国传统建筑非常讲究建筑的中和之美。这种设计审美主要体现在我国古典建筑群落的和谐组合,合理的建筑结构,平缓的建筑空间节奏以及和谐的建筑空间环境。由于儒家和为贵思想的长期影响,我国建筑的审美心理主要倾向于人性化的尺度,追求平和、舒缓。建筑的尺度以"适合"为准则,以满足人们基本的生产、生活为准,不过分夸张。

(二)内敛含蓄之美

我国儒家文化提倡隐忍、自省等人生哲学,道家则强调无为、清净等处世哲学,这些反映在建筑审美意识中都表现为追求内在精神的含蓄之美。以内向空间组合为特征的中国传统建筑的空间布局,充分体现了这种内敛含蓄之美。院中有院,园中有园,都是由层层向内收缩的空间组合而成,传统建筑亦将重点放在院内,呈现出明显的"内敛"性,避免显露、张扬。

(三)韵味气质之美

"韵味"是一种富于内蕴、雅致模糊的意味。因为内蕴丰富,所以可以反复咀嚼回味。中国传统文化向来注重韵味,推崇有韵味的形式,追求一种"神似而形不似"的韵味美。例如建筑设计大师贝聿铭设计的苏州博物馆就是将中国江南水乡的韵味发挥得淋漓尽致的建筑作品。

"气质"是一种个性特点与风格气度的综合体现。古代气质犹言文人的风骨、诗画的清峻慷慨风格。由于社会各方面的面貌不同,不同的历史时期呈现不同的气质,如商代的威严庄重,周代的秩序,战国的清新,汉代的凝重,六朝的清瘦,唐代的丰满华丽,宋代的理性,元代的粗壮豪放,明代的敦厚,清代的纤巧。例如在中国设计史和世界设计史占有举足轻重地位的中国明式家具,文人气质就是其灵魂。

二、巴蜀文化元素以直观装饰应用到餐饮空间中

巴蜀文化元素大多以平面形态呈现，如果单纯地将巴蜀文化元素运用到餐饮空间设计中容易被人理解，这种方式又可以简单地划分为以下两种。第一种是通过绘制或粘贴等方式使巴蜀文化的图案体现在巴蜀餐饮空间界面上，这种方式可以尽可能地保留巴蜀文化中的符号特点，而且文化元素图案在不同材质的空间界面上会给人不同的视觉感受。如在餐饮空间设计中融入川剧的脸谱等典型的巴蜀文化元素就是这一类设计手法的典型代表。第二种则是将传统的巴蜀文化元素通过立体或半立体的形式直接嫁接到餐饮空间设计中，使得人们对它的感受更加直观。如吸取川渝木结构建筑的梁、柱、斗拱以及窗户等元素进行餐饮空间方面的设计处理。巴蜀文化现如今主要是以直接的形式运用到餐饮空间设计中，根据餐饮空间的实际情况和设计需求，对它的大小、形状及材质进行相应的调整，使得这种文化元素能够更好地服务于餐饮空间设计，当然也提高了餐饮空间的审美情趣。

下面我们通过一些具体的餐饮空间设计案例，来解析巴蜀文化元素是如何直接应用到餐饮空间设计中的。如巴渝知名火锅品牌"小龙坎老火锅"，小龙坎是重庆一条街道的名字，在巴蜀地区家喻户晓（如图3-5和图3-6）。品牌门店在2020年突破900家（包括海外），是从成都走向世界的火锅文化传承者，品牌方对于门店的设计十分重视。2016年的品牌设计重塑了门店空间设计，加入大量的川西民居建筑元素，如穿斗构件、花窗、青砖等，直接搬进空间。锦城印象用文殊院、青羊宫、武侯祠等成都景点名称作为包间名，包房内墙面有黑白茶馆装饰画，保留了青砖、花窗等传统设计。小龙翻大江门店融合巴蜀建筑、园林元素，小桥流水，雕梁画栋，演绎川剧变脸、峨眉功夫、龙行茶艺等巴蜀精粹（如图3-7和图3-8）。8号火锅藏在君悦酒店里，季裕棠把具有巴蜀特色的竹编背篓悬挂得满满当当，在天花板上，同样用到竹编产品的还有不二加私厨老火锅。

图3-5　小龙坎老火锅（1）

图 3-6　小龙坎老火锅(2)

图 3-7　小龙翻大江门店(1)

百年老字号餐饮品牌"陈麻婆豆腐"作为川菜代表,就是将创始人陈麻婆与地域建筑直接融合的典型案例(如图 3-9 至图 3-12)。麻婆豆腐的始祖陈麻婆的雕塑形象,在成都博物馆和陈麻婆豆腐旗舰店都有展示。陈麻婆旗舰店入口,有一个身材姣好的劳动妇女形象雕塑,她头发挽起,右手在石磨上磨着豆子,左手用勺子在取缸里的黄豆。雕塑的背后是一堵景墙,墙面材料是青砖,青砖上的浮雕刻画着麻婆的帮厨正在后厨备餐,店里坐得满满当当的客人正在用餐,好不热闹。这组雕塑作品直接将百年老店的场景进行复原,使得食客进门就能感受到品牌的百年历

图 3-8　小龙翻大江门店(2)

史。门店大门内侧的对联"品尝豆腐麻辣香酥嫩,咀嚼人生喜怒哀乐忧"描述了麻婆豆腐麻辣香酥嫩的特点。在西单商场的分店以川西民居主题体验为设计思路,青砖朴实亲民;在骡马市门店以成都民国时期中西兼容的建筑风格主题设计,门厅顶部吊着大大小小盖碗茶模样的吊灯,包间名多为老地名,颇具时代感。

图 3-9　陈麻婆豆腐门店(1)

图 3-10　陈麻婆豆腐门店(2)

图 3-11　陈麻婆豆腐门店(3)

图 3-12　陈麻婆豆腐门店(4)

三、巴蜀文化元素突破变形后应用到餐饮空间中

上述所提到的直接将巴蜀文化元素体现在餐饮空间设计中,能够使人直接地观察到这一设计特征,但是从更深层次的角度来看待这一问题,这种方式的处理显得较为简单,并没有深入地挖掘巴蜀文化的独特魅力,仅仅只是将一些巴蜀文化元素图案附着在空间界面或装饰上,并没有太多的创新。同时必须要意识到这样一个问题,那就是传统的文化元素,可能不能够迎合大多数人的审美,这就决定了这一文化元素的设计在市场上可能反响程度不够高,需要根据现代人的审美进行设计。为了使得文化元素得到最大程度的利用,首先在选择文化元素方面就一定要选择巴蜀文化中独特的一面,同时也是最容易被现代人所接受的一些符号。其次,对于已经提炼出来的文化元素要进行相应的设计,使得它更加符合现代人的审美,同时也能够不突兀地出现在餐饮空间设计中。最后,要突破原有的文化元素的限制,进行更深层次的创新,不能够一味地追求原有的形状,而应当摆脱原有形状的限制,尽可能地发挥设计师的创意,这样才能够体现出原创巴蜀餐饮空间设计的独特魅力。

下面我们通过一些具体的餐饮空间设计案例,来解析巴蜀文化元素是如何突破变形后应用到餐饮空间设计中的。绣之茶将蜀绣文化元素运用到空间设计中,它将蜀绣文化与时尚茶饮结合在一起。绣之茶诞生于蜀绣之乡安靖,品牌形象从蜀绣中提取了五种具有代表性的图案——芙蓉、荷叶、锦鲤、熊猫、梅花,并将这些图案延伸到产品包装、门店装修设计中。绣之茶的 logo

是一枚绣花针,针身匀圆,针尖锐而针鼻钝。福年广场店的吊顶是十几个悬空的蜀绣手绷造型的金属圈,夹着白色混纺交织缎绣片,上面有"绣之茶"logo,也有花鸟图案。桌面上印有蜀绣大熊猫、芙蓉花等图案,收银前台的灯箱二维图案描绘了蜀绣的针法,整个空间的色调选取了蒙顶甘露的绿色和蜀绣绣片的白色,清新淡雅,巴蜀范儿十足(如图3-13和图3-14)。

图 3-13　绣之茶门店(1)

图 3-14　绣之茶门店(2)

以三国文化元素为主题的巴蜀火锅店——五虎将川蜀火锅、英雄阁火锅店、蜀味三国、汉中汉府渔家、蜀汉皇城、重庆椒香城门口等项目，都是将三国时期蜀国的传奇人物、经典故事和火锅文化进行融合。其中五虎将川蜀火锅就是一家以三国军营文化为视觉设计主题的全国连锁火锅品牌，邻近武侯祠就有一家分店，吸引游客来享用川味火锅，同时体验三国文化。店名"五虎将"是历史小说《三国演义》中蜀国五位赫赫有名的将军，毛笔书法字体直接用在火锅店门头上，建筑外立面装饰成蜀国"点将台"，"城墙"上面插满了品牌logo的旗子，logo图形是繁体字"义"，用武将精神"忠、义、勇、智、信"代表火锅店经营的初衷。消费者进门会看到竹简刻着品牌故事，将三国文化和火锅结合在一起。包间名和菜名中都藏着三国人物的名字，如"张飞营帐""赵云营帐"，室内墙上的装饰画是五位将军的卡通形象，色彩鲜艳，还有将军的兵器、铠甲等，都是将三国文化元素突破变形后应用到餐饮空间设计中的（如图3-15和图3-16）。

四、借用巴蜀文化元素的寓意应用到餐饮空间中

在巴蜀文化中一些独特的文化具有强烈的美好祝愿，同时也具有一定的吉祥意味，因此在对这部分文化进行选择时，一定要深入了解它们的深层次含义，了解它们自身的含义。其次，由于时代的变化，有些元素可能在现如今已经被另一种含义所取代，对于这一部分，我们需要尽可能地避免，因为这样才能帮助文化元素在传播中更好地普及。这就使得我们需要用发展的眼光来看待。最后，由于设计的基本理念，我们不能够仅仅对原有文化元素进行简单的嫁接，而是应当从文化的角度进行深层次的分析，提炼出它的实际内涵，并且结合现如今的发展状况，以及人们对于餐饮空间的实用性考虑，真正地创造出具有巴蜀文化特点的现代餐饮空间。

图3-15　五虎将川蜀火锅店（1）

图 3-16　五虎将川蜀火锅店(2)

下面我们通过一些具体的餐饮空间设计案例来解析巴蜀文化元素的寓意是如何应用到餐饮空间设计中的。巴蜀火锅店月满大江将火锅与茶馆做了一个创新的跨界融合，在老茶馆里吃火锅，就是典型的通过巴蜀文化元素让消费者感受到巴蜀文化的休闲气质。该店从外面并不能窥视餐厅的全貌，入口处深色的拉毛石材质感的墙面旁支起一个红色的摊位，等位的食客好似坐在一个街边茶水铺里。墙面上的装饰画与服务台顶部的灯箱内容都在描述成都的"悠闲"，餐前服务员拿着长嘴茶壶给盖碗茶添水，老茶馆竹靠背椅子围着吃火锅的大圆桌，巴蜀的闲适气质不言而喻地展现在就餐空间中(如图3-17至图3-20)。

图 3-17　巴蜀火锅店月满大江门店(1)

图 3-18　巴蜀火锅店月满大江门店（2）

国窖成都酒场合是一个以白酒文化为主题，集餐饮、住宿、娱乐为一体的休闲空间。以酒文化为切入点，运用大量的乡土材料、回收材料，如老船木、旧榆木、雅石等，搭配棉麻织物铺地。陈设家具以"食盒"为灵感，结合明式家具的结构，也起到分隔空间的作用，整体散发着独特的、质朴的巴蜀神韵。包厢顶部的银色酒水激荡而出，墙面上的装饰画紧紧围绕着"酒场合"主题，刻画酒友们举杯共饮的千姿百态、生动形象。巴蜀文人墨客将他们的远大志向融入字里行间，记录在入口处的老船木上，他们因川酒的独特韵味而流连忘返、抒发胸臆，将寻常生活中的感想寄予诗篇里，酒文化因情感的融入而不再单一，饮酒这一生活形式也上升到了一种更为复杂的情绪演化。国窖成都酒场合将人和酒难舍难分的情愫表达得淋漓尽致。

川菜馆马旺子餐厅上下两层，空间宽敞舒适，天然竹子是门店的主要装饰材料，纤细的竹条颜色浅黄，温暖且透光性好。进店后就会看到带有老四川风格的长板凳、老虎灶和老鹰壶，竹编织隔断立在灶台和卡座中间。一层顶面用到了三种不同的竹藤编织肌理装饰，藤竹编织的手工艺拉近了美食与食客的距离，这些质朴的设计传承"小河帮"川菜朴实的本质（如图 3-21 和图 3-22）。川江号子火锅塑造长江三峡轮渡码头的感觉，用皮、铁、石材、玻璃、钢结构、船拱等手法，表现了码头文化的简洁与阳刚，这种主题风格带动了一批火锅店效仿。

川隈杂谈餐饮品牌与巴蜀民间手工艺文化结合，首店佛山店获得 2018 年德国红点设计建筑与室内设计类别最佳设计奖。餐厅散客座位区与青神竹编结合起来，该店提取了巴蜀文化中最日常、最本土的物质——非物质文化遗产竹编，实现了民艺餐馆的重生。丰富的曲线竹网延绵包裹天花和灰色的混凝土墙面，搭配着昏黄的灯光，传达川菜亲民的性格（如图

图 3-19　巴蜀火锅店月满大江门店（3）

3-23和图3-24）。川限杂谈广州店提取四川非物质文化遗产——四川荥经砂器，少了佛山店的小情调，更多的是来自土地的厚实感与粗犷。黑砂炊具是以当地独有的白善泥与丰富的无烟煤为原料做成，抗腐蚀，耐酸碱，烹制使用中能保持材料食鲜味美。这种源自巴蜀泥土的民间传统文化，皆缘起民间生活和精神需求。提取荥经砂器烧制中的废弃垫片——"砂圈"为元素。砂圈在煅烧中隔开煤与生胚，反复使用七八次便被丢弃野外，回收这种手工艺

图 3-20 巴蜀火锅店月满大江门店(4)

产业的废弃材料,将废弃黑砂圈破解成三瓣,弧面正反交织成高挺转折的链网,与竖直向上的铁墙相接,完成 20 米的超长外立面。挑高的外立面由一块块荥经砂器炼制时废弃的砂圈堆砌而成,界定出通透独立的空间。空间内部引入黑砂链网,分隔围合出两个独立的进餐区域,满足不同的就餐需求(如图 3-25)。

图 3-21　川菜馆马旺子餐厅(1)

图 3-22　川菜馆马旺子餐厅(2)

总之,巴蜀餐饮空间设计对于传承巴蜀地域文化具有重要的意义。巴蜀文化是中华文化中的一个重要组成部分,它不仅仅体现出一个地理上的概念,同时它也是一个具有丰富含义的文

图 3-23　川隈杂谈佛山店（1）

图 3-24　川隈杂谈佛山店（2）

图 3-25　川隈杂谈广州店

化概念。本部分以餐饮空间设计为枢纽,通过对巴蜀文化以及餐饮空间设计的研究,寻找巴蜀文化与餐饮空间设计的结合,加深人们对巴蜀文化的认识,从而确保巴蜀文化在日后的传承中得到重视。

第三节　巴蜀餐饮旅游资源开发

　　我国现阶段处于经济高速发展时期,提高人民收入、发展餐饮旅游,是实现这一目标的有效途径。巴蜀地域是我国旅游发展的重点区域之一,也是餐饮旅游发展水平较高的地区之一,其在前几年提出了在文化视角下发展餐饮旅游的新概念,为餐饮旅游发展创造了良好的条件和机会。巴蜀地区本身就有着"农家乐"的旅游模式,充分展现出其特有的田园风光和巴蜀文化,将具有浓郁特色的川味文化融入其中,是该地区旅游发展的新方向。

　　巴蜀地域可以说是天府之国,四面环山,四川盆地在都江堰水利工程完成之后,整个巴蜀地区的人们几乎可以自给自足,历史上也极少有战乱,这就导致了该地区的人们一直以娱乐和舒适的生活为主。现阶段该地区旅游资源类型齐备,农业资源也十分丰富,其气候十分具有地区特色,四川民俗文化的底蕴相当深厚,这些都为巴蜀地区的餐饮旅游发展提供了基础保证。我国的餐饮旅游发展较晚,20 世纪 50 年代才开始兴起,20 世纪成都推出了"农家乐"为主题的旅游项目,才将整个巴蜀地区的旅游业提上一个新的高度。下面就对巴蜀地区的餐饮旅游发展的现状进行陈述。

一、巴蜀地域乡村旅游景观发展现状

巴蜀地域的餐饮旅游形式还是以"农家乐"为主,这也是巴蜀地区对于全国旅游发展所提供的示范,已经在全国的餐饮旅游中独树一帜。其"农家乐"以家庭庭院为主要模式,借助自身的优势,利用自家的庭院开发一些具有自然条件和独特风土人情的旅游项目,主要是吸引城市的旅游者。以前"农家乐"主要是开发一些盆景、苗圃等项目给城里人观赏,城里人告别城市里的喧嚣,到乡村呼吸新鲜的空气,顺道欣赏田园风光;现阶段逐渐发展到了增加唱歌、棋牌、运动等娱乐项目,让城里人一家老小来到这里,农民得到了经济发展,城里人也得到了舒适休闲。巴蜀地域的"农家乐"旅游项目现在已初具规模,每年的游客接待量都在稳定上升,旅游的收入也急剧增加,餐饮旅游已经成为整个巴蜀地域重要的产业(如图3-26和图3-27)。

整个巴蜀地域的餐饮旅游资源可以说十分丰富,其分布也较为广泛,在整个巴蜀区域都有旅游发展的条件及资源,餐饮旅游在该地区发展得如火如荼。各个地区在发展餐饮旅游的同时,根据自身的市场定位、交通位置以及资源配置,形成了自身的特色,比如依靠城郊而开发的都市休闲区域、贴近自然风光的生态观光区域以及依靠自身配置打造的餐饮体验区域等。其中以农家田园风光为依托,主要是打造生态休闲的农家主题,该主题可以使游客充分体验到生态环境的优美,也可以参与农事活动;以乡村风土人情和人文风光为主的民俗旅游,为游客提供专业的农家服务;以乡村森林植被为条件的生态观光旅游,让游客体验到世外桃源一般的安逸;以现代科技农业为主的旅游,让游客多多了解一些农业知识和养殖技术。这几种类型充分体现了整个巴蜀地域的文化特色,也充分挖掘出了该地域应有的餐饮旅游资源。

图3-26　巴蜀地域农家乐(1)

图 3-27 巴蜀地域农家乐（2）

巴蜀地域的"农家乐"还是主要集中在一些经济较好的区域，这与其发展较早，已经形成一定的规模和品牌有关系。比如：都江堰一带、九寨沟一带等，都是依托着较为有利的条件，较早地进行餐饮旅游发展，代表着整个巴蜀地域的餐饮旅游形式。巴蜀地域的餐饮旅游发展，主要的投资主体还是政府，但随着现阶段民间投资的兴起，民间投资已经成为餐饮旅游建设的一个重要的投资渠道，从长远角度看，民间投资也会成为巴蜀乡村旅游的主导力量。现在乡村旅游的主要格局已经形成，其中政府对于餐饮旅游的引导还是通过政策的制定，督促检查，打造出餐饮旅游的景观设施，民间资本有理由完善餐饮旅游的条件，但因为餐饮旅游大多是小规模经营，涉及农户的切身利益，应当给予适当的保护。

二、巴蜀地域餐饮旅游发展的优势

巴蜀区域想要将餐饮旅游发展的规模壮大，就需要从多层次、多角度适应市场的需求，才能够打造出具有品牌效应的餐饮旅游品牌，找准自己的特色，有了自身特色才能够长久地发展。下面主要从自然人文特色、文化传统与政策环境方面分析，找出巴蜀地域的餐饮旅游发展优势。

巴蜀地域是我国著名的天府之国，其农业旅游资源十分丰富，无论是传统的粮食生产还是现代的农产品加工，品种都十分齐全，规模也较为宏大。这些丰富的农业资源一方面可以成为餐饮旅游的吸引物，另一方面也可以成为有特色的餐饮旅游资源。四川美食一直深受各个地方人们的推崇，川菜更是四大菜系之首，其品种的多样性和独特性，是其他菜系所不能够比拟的。火锅更是四川的标志性饮食，小吃也闻名中外，川茶和川酒的文化从古代的巴蜀地域一直流传至今。除了这些方面的资源之外，其民俗也跟其他地区有所区别。因为巴蜀地域长期以来属于自给自足的经济模式，其自然环境也相对闭塞一些，这就造成了其风俗习惯、民间信仰和生活方式与我国的其他区域有着本质区别，其保留下来的古朴民俗，是外地游客没有接触过的。因此，从饮食和民俗方面,巴蜀地域就极具发展餐饮旅游的条件。

巴蜀地域的文化传统主要是以游乐为主,其游乐之风盛行的原因主要是:巴蜀地域的农业较为发达,人们的生活很富足,这是游乐的物质基础。该地域的民俗和游乐活动是从古代流传至今的,该地区的人们一直以来都十分信奉这种生活方式,这也就造成了人们的游乐心理,而且休闲游乐的生活方式也已经成了巴蜀地区的一种标志。在现代工业化的进程中,城乡差距逐渐增大,但是巴蜀地区从很早就开始重视这方面的问题,这跟其信仰和生活方式息息相关,也为其餐饮旅游的发展带来了新的契机。一方面,餐饮旅游是巴蜀地域建设的重要内容,能够充分改善人们的居住环境。巴蜀地域的核心思想一直都是城乡一体、自然之美,这就跟现在人们的理念不谋而合,这是其能够发展餐饮旅游的思想条件。另一方面,城市的建设也能够为餐饮旅游发展提供基础保障,形成一个较为完善的服务体系,在这种条件下才能够更好地发展餐饮旅游。

在交通方面,巴蜀地域属于我国西南地区的重要部分,其现在的高速公路和铁路可以说是四通八达,完全改变了以往"蜀道难"的局面,航空运输也较为方便快捷,这些都为巴蜀地区的餐饮旅游发展提供了保障。

三、文化视角下餐饮旅游发展策略

巴蜀的餐饮旅游已经走过了发展阶段,现在已经初具规模,加上其餐饮旅游资源十分丰富,交通也变得便利快捷,其自然和社会条件十分优越,市场需求越来越旺盛,人们的期望也越来越高,这些都有效地促进了该地域餐饮旅游的发展。但是在发展的同时,也要做好规划,避免与其他地区的餐饮旅游雷同。因此,巴蜀地区需要在自身的文化视角下,进行餐饮旅游资源的有效开发,促进其又快又好地发展。

一方面,要从巴蜀地区文化特色的定位进行研究,在市场经济的时代,产品的特色是其竞争的筹码,旅游产品的定位就是要凸显出其自身特色,使得旅游产品能够彰显出区域特色。对于巴蜀地域来讲,现阶段的特色就是浓郁的民俗风情以及文化内涵,这使得其餐饮旅游有别于别的地区的餐饮旅游。以文化为载体,从而全方面展示餐饮旅游的特点与形象,才是巴蜀地区日后发展的策略。另一方面,由于地理环境在很大程度上影响着旅游,因此在发展餐饮旅游时需要有一定的边界,在边界以内发展往往具有良好的效果。巴蜀地区虽然说现阶段交通较之以前便利很多,但是很多偏远地区的交通还是较为困难,因此在发展餐饮旅游景观方面,需要注意这些地区的交通问题,优化其整体结构,让游客能够更加方便地找到旅游地点,而且一些偏远地区往往更能够让游客体验到该地区的特色文化氛围。

餐饮旅游作为一个新兴的产业,是我国缓解城市跟农村经济差距的有效手段,也是增加农民收入的有效手段,而现在对于餐饮旅游的研究还较少。对于巴蜀地区来讲,其餐饮旅游的发展较早,但是现阶段处于一个瓶颈期。由于其具有得天独厚的资源优势,因此该地区现阶段需要对文化方面进行深入的研究,利用自身的文化来带动餐饮旅游的发展,这是目前巴蜀地区餐饮旅游的发展方向。

第 4 章 巴蜀文化风格餐饮空间设计原则

第一节　餐饮空间设计实操要点
第二节　巴蜀文化风格餐饮空间形式美
第三节　巴蜀文化风格餐饮空间案例分析

第一节 餐饮空间设计实操要点

一、安全性

《中华人民共和国食品安全法》规定,国家对食品生产经营实行许可制度,从事食品生产、食品销售、餐饮服务,应当依法取得许可。其中第四章"食品生产经营"对餐饮场所环境、生产经营设备设施、设备布局和工艺流程等都有相应要求。在餐饮设计行业,安全性永远是第一位的。根据法规,地方各级食药监督管理部门负责餐饮服务许可的管理工作,餐饮服务者应当取得餐饮服务许可证。

这些法规、条例对餐饮空间设计提出了一定的要求,如《饮食业环境保护技术规范》中要求饮食业单位选址应符合当地城镇规划、环境功能、饮食卫生和环境保护的要求,同时与周边自然和人文环境相协调。餐企总平面布置应满足建筑功能、烹饪加工工艺及卫生防疫的要求,合理组织各种流线,减少污染影响。人流与物流出入口分开设置,商住楼内新建饮食业单位出入口应独立设置。

厨房吊顶高度2.5米,五面贴砖,墙砖贴到天花,地面砖防滑易清洗。排水沟需加盖密封,无水厨房。凉菜间有二次预进间,配备感应或脚踏水龙头。单独的厨具储存空间,单独的更衣间,配备防鼠灭蝇的灯具,垃圾桶必须加盖。可以洗刷的材料建的大灶台,有坡度,易于清洗。

二、合理性

交通方便且流量顺畅可以带动外来客源,选择开店的地址,格外重要。常用的餐厅选址方法有赛拉模型法、CKE餐厅选址法、商圈分析法、类比法等方法。在选择使用这些方法之前,开拓人员必须完成最初的基本调研工作,切身去调研周边三公里范围内的小区入住率、交通人流、收入水平、消费观念、同类竞品,等等。有些巴蜀餐饮品牌在快速起步阶段会选择进入购物中心,这有助于迅速提高品牌传播速度。

三、美观性

餐饮空间的"颜值"很重要,餐厅的空间美学与品牌营销相辅相成。巴蜀餐企一直重视消费者的空间体验感方面的诉求,在面对琳琅满目的巴蜀美食时,空间体验感因素的影响不可忽视,相同的川菜馆,品质和价格没有差距的时候,食客会选择更加触动其情感的餐饮空间。随着消费者思维观念的转变,消费者对于线上消费场景的接受度越来越高,线下门店经营重心逐渐转向提升用户体验。对于个性化消费体验的需求在竞争激烈的线下餐饮市场日益凸显,为食客提供一次难忘的用餐体验,是提高餐企竞争力的有效手段。巴蜀餐企讲究色、香、味、形、质、器、养、意的美妙,善用美名、美境、美音、意境等来映衬,用进餐环境的时、空、人、事之美来烘托美食,虚虚实实,情景交融,使食客获得多重的感官享受,方能调动食客的情感。

巴蜀餐企要保护好自己独有的传统烹饪秘方,利用餐饮品牌的传统形象元素,打造品牌logo、风格、标准店设计,巩固品牌形象的核心地位。比如新鲜的本土食材和巴蜀文化装饰特色,工作人员的服装要有品牌的调性,服务也要本土化。明厨明档的现场感美食制作提升了食客对餐饮品牌的情感体验。巴蜀餐企注重餐饮主题,注重文化、讲故事,比如餐企创始人的故事、原材料的来历、菜品的起源、工艺流程等。不同的食客的感性理解有差异是肯定的,它是一种消费者内心产生的有深度的情感、认知、生活经历等众多因素交织在一起的复杂情感。

一个餐企的门店造型是餐企的实体形态,涉及空间、色彩和材料等要素,如有最美川菜餐厅之称的宋·川菜,许多慕名前来的食客都是为了一睹最美川菜馆的真容。去用餐区之前会经过一个狭隘幽暗的走廊,给用餐空间做足铺垫。设计师黄永才利用北宋绢本画《瑞鹤图》中的鹤羽这一元素,运用四万块琉璃羽毛、十万块不锈钢砖构成高低错落的基本形态,琉璃羽毛和细长的铜柱或开敞或封闭,巧妙划分餐厅空间。在灯光的烘托下,琉璃鹤羽晶莹剔透,顶部镜面倒影,梦幻羽翼飘飘欲仙(如图4-1和图4-2)。

川菜包容性强,雅俗共赏,可以吃得精致,也可以吃得很家常。重庆有"开在废墟上的火锅"之称的朱光玉火锅,进店所见是残缺的水泥墙,砖头砌的餐桌上面贴了白瓷片,还有长木凳、粗瓷印花碗等。把消费群体记忆中的东西,如街边的灯箱、公园里的琉璃瓦拱门、带有红字的白开水杯等混搭在一起,搭出了浓浓的怀旧感,通过营造过去某一段时光的生活或者时代场景来达到和食客情感上的共鸣,成都的陈艳红火锅与之类似。

图4-1 宋·川菜(1)

图 4-2 宋·川菜（2）

四、功能性

"卖给谁，比卖什么更重要"，这也同样适用于餐饮行业。巴蜀餐饮三驾马车——川菜、火锅、小吃，不同类型的餐厅各有所需。川菜馆、商务宴席，百菜百味，老少皆宜，适合家庭聚餐；火锅店受众年轻，适合朋友社交联络感情，地域特色强；小吃店供餐最明显的特色就是美食经济实惠、用餐方便迅速。这三大类型的餐饮空间考虑实用性，功能布局差别很大。

川菜馆功能分区分为等候区、大厅、吧台、用餐区、包间、备餐间、后厨、洗手间、仓库、机房等，各个功能区域的连贯性很重要。入口大厅是餐厅外到餐厅内的一个过渡空间，也是食客候餐和集合人员的地方，商场店把等候椅放在餐厅入口两侧，不得妨碍食客进出。进入大厅后一般是收银台，收银台和酒柜中间空出 1 米距离，方便服务人员工作。移动科技发展后手机结账。备餐台主要放置菜单、水瓶、餐具等物品，备餐台配合主通道，要保证服务人员在不妨碍主动线的情况下，尽快为食客提供服务。

火锅店风格也挺多，中档消费大部分以传统和现代融合的风格为主。大厅设计是给食客的第一印象，非常重要。自助区调料台也是储物柜，柜体开放部分存放杯碗餐盘。火锅店的开放布局中，行走通道以直线为好，最小宽度 1 米；如果工作道和交通道合用，宽度最少 1.2 米。餐位入座尺寸 0.5 米，方便客人进出。吃火锅食客比较热，要求空调制冷效果要好。

小吃店店内面积较小，门头设计和标识制作的独特性与易辨识性就显得尤为重要。门头整体色彩要鲜艳醒目，考虑夜间辨识度，灯光要亮，店名吸引人、字体要大，再加上结构设计，第一时间吸引食客的眼球。吸引食客目光之后，还要有清晰的品类名、品牌名，还有招牌菜广告灯箱。身在小吃街中，门头还要考虑与周边同业竞争对手的差异化设计。如果是户外，门头材质的耐久性也很重要。

合理的业种分析影响整体的运营，店内销售的产品，涉及菜单的内容、供应份量、供餐的方式、销售的份数，种种考虑都关系到整体空间的布局和规划，对这些内容深思熟虑，才能考虑来客的座位数、厨房产能、采买库存等细项。合理的动线设计对餐饮空间的服务运营效率、客人引流都有很大的影响。餐饮空间使用的系统化与精细化决定了其设计应尽量节约空间成本与人力成本，餐饮空间设计前期的定位关键点是人均消费定位与餐位数的关系，在有限的空间里面，餐位数越多，意味着利润越大。巴蜀餐饮的品类较多，客单价差异较大，越是高档餐饮，需要的餐位面积也就越大，翻台率就越低。

在餐厅空间功能规划上应坚持有效利用空间，避免时间与空间上的浪费，全面考虑以最少的空间换取最大效能，对空间进行合理预判能够避免不恰当的建设。

第二节　巴蜀文化风格餐饮空间形式美

巴蜀餐饮空间设计往往先从营销、服务、建筑、装饰的角度制订可行的计划，之后落实在三维图纸方案上。功能上的设计包括厨房设备、建筑细节处理到餐桌设计，以及空调系统。形式上无论是餐企还是设计团队都将餐饮空间设计看作品牌的个性体现，他们渴望富有创意的设计，注重功能与美学的完美结合，强调在有限的空间中让人感受到更多的文化底蕴和精神价值。空间要素被归纳为形式美法则中的点、线、面，下面笔者从点、线、面的形式美解读巴蜀文化餐饮空间，运用造型法则对空间中的造型元素进行布置，来增加空间的美学感受和人文内涵。

随着历史朝代的更迭、文明的进步，巴蜀地区形成了传承本地域精神和兼并其他文化的综合造型艺术体系。经过千年的艺术与文化的积淀，巴蜀餐饮空间形成了巴蜀特有的造型艺术与艺术精神，昭示了巴蜀人民独特的地域审美心理。

一、点的形式在餐饮空间中的运用

点是最简单的形，是人们感知形象的基础，点可以构成线、面。点在造型设计中不仅是各种线、面相交的端点，在归纳空间要素的时候，人们把体积小而分散的事物都看作"点"。除了实实在在的点，还有虚的点。例如：餐桌上的碗盘是实点，打在水中的光斑是虚点等。点在餐饮空间设计中往往起到以少胜多、画龙点睛的作用。大量的点不同程度地汇聚和发散，从平面设计的角度可以使得画面丰富生动，在餐饮空间中也可以运用。川菜馆柴门饭儿用餐区的红灯笼和竹编的圆形屏风都是直接运用点的元素，大小对比起来更加突出红灯笼。重庆菜九锅一堂的门店两侧做成晒架，顶部摆两层圆圆的竹匾，里面晒着火红的干辣椒，圆形的竹匾装满红干辣椒在空间中是一个点的形状，通过重复的手法，将门店气氛打造得如火如荼。

在造型设计中，点元素的运用灵活多变，视觉小的点，点的造型特征明确；视觉大的点，点会由点及面。点与面是通过对比去区分的。餐饮空间中往往会在公共区域重点打造一个视觉的焦点，使这个点处在一个醒目的位置，来加深食客对餐饮空间的记忆。这个记忆点要能充分吸

引客人的注意力,发挥视觉中心的作用。例如,小龙翻大江宽窄巷子门店,入口的小龙雕塑腾空而起,迎接食客,小龙雕塑形象在整个餐饮空间中就是一个记忆点(如图4-3)。明婷小馆太古里店有一个下沉的现场演绎戏曲的小舞台,周围被水晶珠帘若隐若现地隔断,这个舞台区域的设计在整个空间中充当视觉焦点(如图4-4)。

图4-3　小龙翻大江

图 4-4 明婷小馆

二、线的形式在餐饮空间中的运用

线是点元素的延伸与拓展,连点成线,线条往往用简洁的形态概括物体的形状。线的形态给人极强的方向感,随着线条的方向的不同,带给人的视觉感受也不同。倾斜的线条给人动感、不稳定的视觉冲击,让人联想到运动的轨迹,产生冲击、速度的感受。还有曲线,曲线的自由度很大,柔和、圆润,以女性客群为主的餐饮空间多会用到曲线,曲线可以营造流动、优雅的氛围。还有比较常见的横平竖直的线条,垂直的线条给人向上的感受,让人联想到葱郁的树林,产生挺拔屹立的感受;水平的线条给人无边无际的延伸感,让人联想到平稳安静的大海。

线有或粗或细、或长或短、或疏或密、或曲或直的变化和排列,不同的排列组合放在空间中的视觉效果也不同。将线条密集地排列在一起会有面的效果。线条既是造型的轮廓,也是对空间的分割或者连接。在巴蜀餐饮空间设计中,不同的线性材料,又分为柔软的线和硬质的线。往往通过线的重复、虚实交替的线、线的经纬交错、线的编织等造型手法等,营造一个节奏韵律感受丰满的用餐环境。卞氏菜根香门店招牌下取泡菜坛子的外轮廓线作为构筑物,加深品牌文化,在视觉作用下勾画出一个大泡菜坛子的虚面(如图4-5)。

图 4-5　卞氏菜根香门店

三、面的形式在餐饮空间中的运用

所有具有二维特征的几何图形都称为面,面有边界的特征,面是体块的表面。面是空间中最广泛的构成要素,平面给人延伸感,曲面给人动感。面的透视、重叠、交错等组合方式给人强烈的空间感受。单点放大或者多点密集矩阵排列可以是面,线围合或者密集排列可以是面。面随着长宽比例的变化,形态也会趋向于点和线。但是面的轮廓感和具象感相较于点、线是更强的,人们通过面的形状来感知事物。面也有实面和虚面的区别,卞氏菜根香用大大小小的泡菜坛子口的重复矩阵排列，聚点成面，作为用餐区天花的表面（如图4-6）。麻六记餐厅中LED屏幕的面穿插在用餐空间中，随着四季更替，画面律动，空间氛围感十足（如图4-7）。

图4-6　卞氏菜根香餐厅顶部

图4-7　麻六记餐厅

餐饮空间中的面可以是一面形象墙,也可以是一幅装饰画。可以通过堆积、围合、排列、层叠、穿插等方式,将很多面构成一个立体造型或者是有层次的景深效果。面的设计涉及功能、审美,尤其在餐饮空间中,可用于区域的划分和隔断。

第三节 巴蜀文化风格餐饮空间案例分析

一、案例1:蜀大侠

(一)项目基本情况

火锅,不仅仅是美食,更体现了"包容与团圆"的川人情怀和巴渝饮食文化的经典传承。2015年蜀大侠在四川成都创立,作为一个新兴的火锅品牌,迅速占领四川火锅市场。

蜀大侠的超级IP侠宝是一只功夫熊猫(如图4-8),对外输出四川人的饮食情怀。不论是门店的装修,还是服务员的打扮、话术,极具特色的产品呈现,都在诠释着"巴蜀文化",完成了巴蜀特色文化在餐饮空间设计中的探索(如图4-9)。蜀大侠火锅的征途遍及全球,主要集中分布在加拿大、美国、日本、澳大利亚、马来西亚、新加坡等十多个国家和地区。

(二)巴蜀空间的叙事手法

地域性餐饮空间设计营造的"场所"是个人记忆的物体化和空间化,是对一个地方的认同感和归属感。巴蜀空间叙事设计手法,指的是消费者在使用餐饮空间场景的过程中,所感受到的整个就餐过程的巴蜀文化体验,这种手法也是一种创造精神空间的设计思路,可以营造丰富的多重体验,是对巴蜀文化的理解再现。设计师从空间体验方式的组织、材料特质的发掘、自然元素的借助这三个方面入手,延续空间的文化精神氛围,使餐饮空间产生丰富的情感变化与完整的叙事逻辑。

1. 空间体验方式的组织

餐饮设计格局大体分为外观设计和室内设计两大部分,餐厅建筑的外观是整个餐企的脸面,从外观可以窥视餐饮空间的整体风格,也让来来往往的人流加深对品牌的印象。蜀大侠成都动物园店铺门口有两个抽象的大侠比武的雕塑,建筑外观门头顶部将巴蜀地区的高山元素进行提炼,运用吊脚楼的"干栏式"建筑结构元素,依势而建、重构而建,注入了"城"在山中、"山"在城中的巴渝山地特色。在整个餐饮建筑最高处立着一尊大侠的写实风格的雕塑,呼应着品牌标语"内功是锅底,外功看菜品",暗示蜀大侠品牌在火锅行业的江湖地位(如图4-10和图4-11)。

图 4-8 侠宝形象

餐饮空间分为两大区域：餐饮和加工两个功能区。餐饮功能区包括门面、进出口、接待区、就餐区等，加工区包括清洗区、备餐区、消毒区等。其中就餐功能区是餐饮空间的重点装饰空间，就餐区分为开放就餐、半开放就餐及包厢就餐。使用砖木结构、花窗格、装饰屏风等划分空间，使得就餐空间疏密有致。蜀大侠就餐区的创意设计中，充分挖掘巴蜀文化的历史，在各个构件装饰上传达出巴蜀文化内涵，选取巴蜀民居元素、巴蜀神话故事元素、巴蜀武侠元素、川剧脸谱元素、巴蜀民俗元素等，造型质朴，独具特色。包厢名称取自中国功夫招式的名称，如如来神

图 4-9　蜀大侠门店

图 4-10　蜀大侠动物园门店（1）

图 4-11　蜀大侠动物园门店(2)

掌、醉拳，包厢区聚集了少林、武当、峨眉等十大门派主题与场景设计，包厢门把手是一根木质侠客杖，和包厢中的侠宝手中的侠客杖一模一样，带着一股侠义之风(如图 4-12 和图 4-13)。

2. 材料特质的发掘

竹子对于巴蜀人民来说不仅是一种植物，它早已融合巴蜀文化的历史。在餐饮空间设计中

图 4-12 蜀大侠包间（1）

图 4-13 蜀大侠包间（2）

竹子也是常见的装饰原材料,竹装饰以各种不同的部位和不同的造型作为一种展示文化的方式。可以用竹椅、灯具来装饰空间,还可以通过画像砖、书画、剪纸等形式,来点缀空间。竹子作为速生材料,契合绿色环保理念,价格低廉,经久耐用(如图4-14)。

蜀大侠餐厅的顶部悬挂着巴蜀传统民居的木花窗格子,"宅以门户为冠带",传统民居对门窗的装饰非常重视,巴蜀镂空窗户以木质为主,多雕刻吉祥富贵的图案。砖木材料随处可见,灰

图 4-14　竹子装饰灯具

棕色的古朴典雅色调,搭配暖黄色灯光。巴蜀民居屋顶的青瓦、灰砖有韵律地排列,具有厚重的地域文化感。店中随处可见的青砖和木柱,营造出古色古香的就餐氛围(如图 4-15)。

就餐区有少量的石雕小件作为点缀出现,迎宾的青石吸水兽,吸财纳福,吉祥富贵。古蜀道上早年运输工具为马匹、驴子,就餐区角落里摆着十二生肖拴马桩石雕,无言地诉说着那段历史。

图 4-15　就餐区域

3. 自然元素的借助

自然界中的风、光、声、味、水、植物、山、石均可成为餐饮空间设计的主要元素。巴蜀地区的动物圈代表国宝大熊猫是蜀大侠的超级 IP 形象原型，它头戴斗笠，手拿侠客杖，身披斗篷，有时候它又换上哪吒装备，憨厚的大肚体态和轻盈的武侠动作形成一定的反差，熊猫大侠笑脸迎客，让人记忆深刻。

蜀大侠侠客印象店选址于私立园林艺术博物馆·易园，传承川西园林之美，打造最具川西风貌特色的"户外园林艺术火锅门店"。易园植被丰富，古木珍奇，亭亭如盖，蜀大侠是这山水画卷中独具"滋味"的一个分区，"宁静致远"的氛围和热辣的火锅形成了有意思的反差。

二、案例 2：老四川餐饮空间设计实践

（一）项目基本情况

"老四川"是一家在海外营业的川菜馆，从 1998 年创办到现在一直坚持的就是"中餐应该与中国接轨"的理念，将正宗的川菜、正宗的中餐推介给美国主流社会，将博大精深的川菜文化在海外发扬光大。2020 年 1 月，位于美国芝加哥唐人街的老四川川菜馆进入设计筹划阶段，下面这个方案由陈德运、蒋梦菲设计。

（二）空间形态的地域性表达

总面积 309 平方米，其中后厨占 90 平方米。餐桌数量 20 个，座位数量 85 个（如图 4-16）。入口窄口进，从旁边的橱窗可以看到里面用餐区空间开敞。入口门厅空间的划分过渡了室内外空间，同时利用墙面展示了企业文化，方便等位。进入门厅，有餐企形象墙作为视线遮挡，直到进入就餐区豁然开朗。构造上模仿川西坝子大出檐的构造，内部餐位布局将空间划分成较窄的环形通道，这种狭隘的过道尺度感来源于巴蜀传统的窄廊巷。

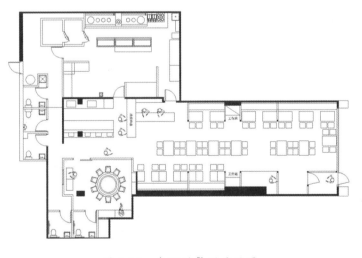

图 4-16 老四川餐厅平面图

(三)色彩的地域性表达

色彩是抽象的表象符号,色彩与人们内在的情感、经验和联想有关,空间中的色彩通过人脑已有的对色彩经验、知识,传递视觉情感信息,人们从心理上感受这特定信息。老四川空间以来源于"老四川"logo干辣椒的红色,巴蜀民居的砖、瓦及水墨书法的墨色作为空间主色调,竹子和金属的金色少许点缀空间,增加精致感。入口处大面积红色体现川菜馆红火热辣的巴蜀景象,品牌形象墙白色半圆形略突出墙面,图案上有传统书法痕迹,留白增强空间文化底蕴,与红色墙面形成反差,格外醒目。从门店外走过,透过玻璃窗看到红白色调充满巴蜀风情的卡座区明亮精致,可以很好地引流。而靠近酒吧台的卡座区则以黑红色调表达了内敛静谧的用餐气氛,一动一静的色彩对比,动静虚实,相映成趣(如图4-17和图4-18)。

图 4-17　老四川餐厅(1)

图 4-18　老四川餐厅(2)

(四)材质的地域性表达

延续巴蜀民居风貌和院落文化,大量运用青砖、瓦片、竹子、木材等传统材料。入口处奠定了传统与时尚相结合的特色基调,定制的红色瓦片密集地叠置在墙面上,瓦片的弧线组成入口处喜庆的中式墙面,老四川品牌英文 logo 金色字母像一个个发光的点元素,质感粗糙的瓦片墙上镜面金属字母被对比得更加凸显,强调品牌名称(如图 4-19 和图 4-20)。

靠近酒吧的就餐区墙面大量使用青砖、瓦片,金黄色的竹材料线性概括出荷叶优雅的曲线形状,大大小小、疏疏密密的荷叶,依次在深灰色的文化石墙面上绽开,好似一幅形神交融的水墨装置艺术。艺术竹编之外,酒吧柜的正面是一个经纬交织的传统竹编网面,透过灯光,整个酒吧台气氛朦胧婉约,追求巴蜀质朴素雅的装饰风格,传统的巴蜀元素和现代酒吧台功能很好地契合(如图 4-21 和图 4-22)。

图 4-19 老四川餐厅(3)

图 4-20 老四川餐厅(4)

图 4-21　老四川餐厅(5)

图 4-22　老四川餐厅(6)

(五)陈设的地域性表达

川西民居悠久的历史、独特包容的文化性,具有重要的传承价值,运用川西传统民宅典型建筑木穿斗结构,斜坡顶,结合现代灯光演绎,将川西建筑的自然美与质感美展现得淋漓尽致。在灰色的瓦顶上放置红色的川剧面具。脸谱是川剧重要的传统构成要素,传递戏剧人物角色的性格和立场,强调象征性和隐喻性,总体来说概括为"红忠白奸",红色巨大夸张的脸谱作为餐厅最突出的视觉焦点,打造极致性、代表性的巴蜀文化餐饮空间(如图4-23)。

酒元素有两种展示方法,第一种是金色的中国书法字"酒"在红色瓦片墙上作为点元素,格外醒目,旁边的吧台酒架上摆满了酒瓶,本身是功能区的注解,也是一种墙面装饰品。第二种是在唯一的十人圆桌包间,墙面上的红色酒瓶整齐划一地放置在墙面的内置展柜上,绿色灯线间隔红色酒瓶,色彩相撞,别有一番风味(如图4-24)。

图 4-23　老四川餐厅(7)

图 4-24　老四川餐厅(8)

　　老四川作为走出国门的川菜餐饮品牌,其空间设计主要表现在空间环境气氛意境的营造和空间结构造型的创意设计。在空间心理和精神美学上激发空间活力,追求巴蜀精神和意境传达。在本项目中,看不到更多的传统元素符号的堆砌,但是对巴蜀文脉传统的发扬无处不在,对巴蜀自然文化资源进行了合理利用。

第 5 章
巴蜀文化风格餐饮空间的发展趋势

第一节　人性化
第二节　智能化
第三节　可持续发展

第一节 人性化

巴蜀餐饮空间设计以人为本,即以人为中心和尺度,满足人的生理和心理的需求、物质上和精神上的需要,追求餐饮空间使用上的便利、情感上的释放。通过人性化设计,使餐厅空间布局合理、动线流畅、环境舒适、细部设计体贴入微。人性化设计涉及餐饮空间设计的方方面面,合乎人的需求的形式、尺度和比例,同时注重研究地域文化、传统习俗等因素,才是巴蜀餐饮空间设计永恒的主题。

一、气候环境

气候环境主要指餐饮空间的室内的小气候,是室内温度、湿度、通风等自然因素对人体感知的影响所产生的。温度高低变化会影响人体正常的生理机能和心理反应。湿度过高容易滋生细菌,人感觉潮湿、不干爽;湿度过低,又感觉口干舌燥。还有空气流通,过于密闭的空间容易滋生有害细菌;空气中风速过大,又会影响食客正常就餐。

适合人体的最佳环境温度是 26~28 ℃,湿度为 45%~60%。在巴蜀餐饮品类中,火锅、烤肉这两种品类需要特别注意气候环境。餐台又是食品加工台,加工食物时会产生热量、油污,尤其要注意控制就餐空间小气候的舒适度。

二、光环境

餐饮空间中的光分为自然光和人工光,自然光就是太阳光,人们都有趋光性、追光性,阳光是大自然的馈赠,对动植物的生长有益,对餐饮空间环境健康有利。特别是冬天,食客愿意在阳光充足的位置就餐,让阳光包围自己。太阳光从窗户进入室内,利用光的折射与反光,制作不同的光影效果,也是一种创新视觉享受。

对比自然光,人工光在天气不好、场地有限的情况下,能发挥稳定的照明作用。不同颜色、不同风格的人工光源,通过明暗、光影、虚实的照明手法,还可以调节用餐气氛、建立情境,增强空间的视觉美感。灯光的亮度还与用餐速度相关,快餐的灯光一般非常明亮,以缩短食客用餐的时间,色温在 4000~6000 K 之间。正餐餐厅的灯光一般有三个层次的光源,公共区域照明为一般照明,光源偏白色,色温在 6000 K 左右。打在餐桌上的光源要兼顾营造菜品的食欲,是局部照明,高度在桌面以上 1.2 米,黄白色,色温在 3000 K 左右。其他氛围灯不要过亮,橙色、黄色暖光用于就餐区的墙面、装饰品上。

三、尺度舒适性

餐饮空间天南海北各不相同,消费者的口味、消费层次等也不相同,但是消费目标定位越是清晰,越能够贴近消费者。价值工程(VE)使流动模式更加优化,是一个餐厅生存的关键。价值工程的重要目标之一就是优化流通环节。流通环节包括客人、员工、食品、餐具和服务的流通等,在设计初期就应该考虑,甚至根据选址不同,要考虑停车场的出入等。从经营角度看,餐饮空间的消费定位是人均消费与餐位数的关系,即每单位面积所产生的价值。一个餐位所占的空间直接关系到餐饮空间的档次,如表5-1所示。

表5-1　高端餐饮与普通餐饮的参数差异(以成都为例)

档次	人均消费差异	环境的差异	单位面积产值计算
高端	人均300元以上	6~10平方米/餐位	400×2/8元/平方米=100元/平方米
中高端	人均150~300元	4~6平方米/餐位	200×2/4元/平方米=100元/平方米
中端	人均80~150元	3~4平方米/餐位	100×3/3元/平方米=100元/平方米
快时尚餐饮	人均30~80元	1~3平方米/餐位	50×4/2元/平方米=100元/平方米

在用餐区,不同的结构、构件按照平面布置,依据力学规律围合成的室内空间,具有不同的尺度感。设计师会尽可能地在空间中摆满桌椅,在桌与桌之间留下距离,让食客有很好的交流的距离尺度。一般餐桌规格如表5-2所示。

表5-2　餐桌规格

单位:mm

人数	桌架(高度750)	桌面	备注
2人	820×820	900×900	
4人	1120×870	1200×950	
6人	1120×1120	1200×1200	
8人	1120×1120	1200×1200	总高780
8人	ϕ1100	ϕ1300	
10人	ϕ1200	ϕ1400	
12人	1120×1120+1120×1120	1200×1200+1200×1200	
16人(豪包)	ϕ2300	ϕ2400(转盘需要嵌入式)	耐高温台布转盘1500

服务尺度对于整个就餐过程也是非常重要的,厨房到每个餐桌的距离是很重要的,当厨房与用餐区不在同一层楼时,可以安排传菜电梯。还要考虑服务工作柜的设备数量及与餐桌的距离关系等。服务员分配:一个服务员看4人桌3~4张,6人桌3张,8人桌2张,10~12人桌1~2张,尽量节约服务人员。以两人为一组布置餐桌,可以增加桌子;桌子布局及距离必须保证最快捷方便的服务。

四、心理人性化

据不完全统计,成都有65000家川菜馆,川菜出川给食客留下"麻辣重口味"的印象,除非客人有特殊要求,辣椒酱等调料的比例是恒定的,以保证菜品的稳定性。奶茶店有甜度选择,川菜餐厅有口味辣度选择。2014年,四川旅游学院四川省高等学校重点实验室以SHU原理为基础,将123道川菜分出微辣、中辣、辣、特辣4个等级,食客根据自身对菜品接受程度,选择辣度。

当下餐饮空间更加突出社交属性,餐饮空间变成了多元复合空间,多场景化,体验性、交互

性强。口味上提供人性化、多样化的选择,还要兼顾休闲娱乐性、交流性,空间给食客更多模式的体验。如海底捞以优质人性化的服务获得行业赞誉,有美甲服务、擦皮鞋服务、儿童托管服务、生日服务等(如图5-1和图5-2),食客在品尝美味的同时享受优质的服务。这些服务空间是以牺牲用餐区面积为代价的。还有不少餐厅巧妙借助食客爱在美学景点摄影这一心理和行为,在餐厅空间设计出符合品牌调性的摄影美学景点,方便食客拍照打卡的同时,为餐企省力地进行了品牌市场营销。

图5-1 美甲服务空间

图5-2 托儿服务空间

第二节 智能化

一、概念背景

餐饮空间智能化是指基于移动互联网、物联网、云计算等技术手段,为餐饮企业提供营销、运营、管理等工具和服务,以提升经营效率,为消费者提供优质的体验。科技进步引领餐饮空间形式的转变和变革,虚拟现实、增强现实、全息成像、实时视频合成、5G 技术等新型技术手段的不断成熟,给餐饮空间设计创造了全新的可能。

二、智能化的路径方法

在巴蜀餐饮空间中,通过虚拟现实技术,增强对用餐空间的感官体验。5D 全息投影墙面成了中高端餐厅门店的氛围感利器,如巴蜀火锅品牌代表海底捞在北京中骏世界城店,为海底捞首家智慧餐厅,等位区有巨幕投影屏幕、电子游戏等,交互式点餐系统在客人端呈现可视化、形象化的菜谱,使餐企快速获得点单信息。用餐区顶部和周围墙面的 LED 屏幕有六大场景轮流播放,天马行空的影像内容,实现物理空间、光影空间、心理空间合为一体的沉浸式用餐氛围(如图 5-3)。

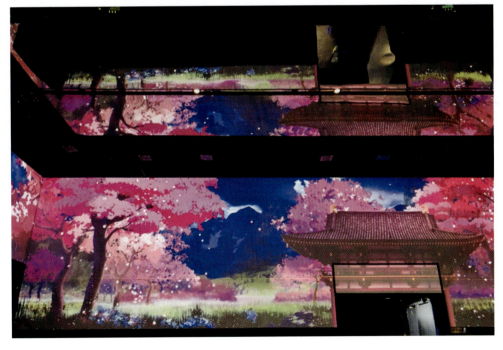

图 5-3 5D 全息投影墙面

海底捞推进门店的智能化,引领行业发展。客人在座位上点餐后,由后厨里的机械臂负责在恒温仓库中配菜,传菜机器人送餐到桌,全程机器人服务,缓解服务员压力。截止到2020年6月,海底捞门店在全球餐厅投入使用958台传菜机器人,租赁价格低于人工成本,"劳动力"属性凸显。送餐机器人具有自动驾驶功能,内置多层的承重托盘,大大提高单次送餐量,超越人力传菜。回盘工作与送餐工作类似,亦可以满足承载餐具重量的需求(如图5-4)。能够接待引导消费者的机器人需要具备SLAM定位自动驾驶、语音识别、人工智能等功能,能够回复客人问题,提供排队信息等。巴蜀餐企谭鸭血、成都失重餐厅、海底捞、小龙坎都有送餐机器人服务。

三、餐饮智能化未来

未来随着5G、AI、VR、MR技术的进一步发展,在数字化餐饮建设的不断探索中,智能化在餐饮空间设计中将注重与环境、科技、文化的结合,科学技术与地域文化相协调,在传承巴蜀餐饮本身的优良传统的同时融入先进的理念和创新技术。艺术与科学两个领域持续的演变,融合计算机科学、数字媒体艺术、心理学等多学科知识,为巴蜀餐饮空间设计提供新的功能构成和表现手法。

图 5-4　送餐机器人

第三节　可持续发展

"可持续发展"不是简单地保护自然生态,而是一种创新的系统策略,餐饮店面空间存在能源消耗大以及生态友好度低等问题,需从消费主义空间转向品质绿色化、可持续化的创新空间。

巴蜀餐饮空间的发展是与时俱进的,在资源和环境问题日益突出的情况下,融入可持续设计理念,不断在设计上寻求变革的实践,以期塑造出品质绿色、环境生态友好的餐饮环境。

一、对餐饮空间可持续理念的理解

巴蜀餐企把勤俭节约、艰苦奋斗的理念内化于心、外化于行,将"遵守秩序、珍爱粮食"的主题标语醒目地张贴在餐厅内。在海底捞就餐区墙面上,电子屏打出了倡导节约及"光盘行动"宣传海报。电子菜单方便反复修改,菜品广告设计上也突出了"四分之一锅底"和"半份菜品"内容。巴蜀餐饮服务经营者主动提示消费者适量点餐,主动提供"小份菜""小份饭"等服务,根据用餐人数给出建议和提醒。

注重食物资源生态友好,创造文化感知特色空间。在成都高新区桂溪西路,有一家专门吃翘壳鱼的餐饮门店,只对食客销售半米及以上且重量不低于五斤的翘壳鱼,餐厅名为"米翘"。在打捞的时候怎么保证打捞上来的鱼,正是符合餐厅标准的半米以上的翘壳呢?三岔湖每年2—4月是禁渔期,是野生鱼产籽时期,不用电烧、下药的方式打鱼,是生态吃鱼最基本的要求。另外这个餐厅捕鱼的渔网与众不同,专门定制了网眼非常大的渔网,过滤掉不足五斤的鱼,既保护了水产的生态环境,又保证客人吃到的都是大翘壳。

来自三岔湖的大翘壳,一年只长一斤肉,非常难得,成为饕餮食客们心中的极品美味,自然价格不便宜。如果客人人数少,是吃不完一条鱼的,餐厅为满足客人的不同需求,可整条鱼论斤销售,亦可以分部分销售。这种份量分大、中、小的方法是避免食物浪费的创新,不少餐厅小食分享、少量多样、大小搭配都是有效减少浪费的途径。巴蜀餐企提倡节约粮食,采用天然健康的烹饪方式,将餐后剩余食物变成饲料等,践行低碳理念,促进绿色发展变革。

二、装修材料回收利用

艺术、科技与设计结合的创新来源,让人们重新审视被忽略的自然,重新建立艺术与自然、设计与自然的和谐关系。"以自然为本"可持续的新时代设计一定是未来餐饮设计的创新理念和灵感源泉。我们要尊重自然界的变化规律,科学利用和管理自然资源,提高环境自净能力及其容量。可持续的巴蜀餐饮空间结构,可以利用地区乡土的搭建材料和技术,关注空间和环境的多样性,包括物质组成、能量来源和消耗路径的多样性。

三、利用地区乡土搭建材料和技术

尊重村落场地原有肌理,搭建方式和建筑取材全部来自本地。巴蜀地区盛产毛竹,竹资源丰富,竹材适合快速建造,餐厅装饰可以竹子为主体材料,采用渐变单元组合结构的设计思路,在短时间内实现利用更少的材料搭建完成建筑表皮的整体效果,同时单个竹构件也易于替换更新。如 SHAKE SHACK 西南首店餐厅的非遗竹编装修围挡,非常抢眼(如图5-5)。

四、实现物质组成的多样性

一个餐饮品牌有自己的生命周期曲线,一般为5~10年,一般来说3年左右就会陈旧,其中包含菜品、服务和环境装修,特别是环境装修,时间一长,容易出现老化、审美疲劳等问题,迫使

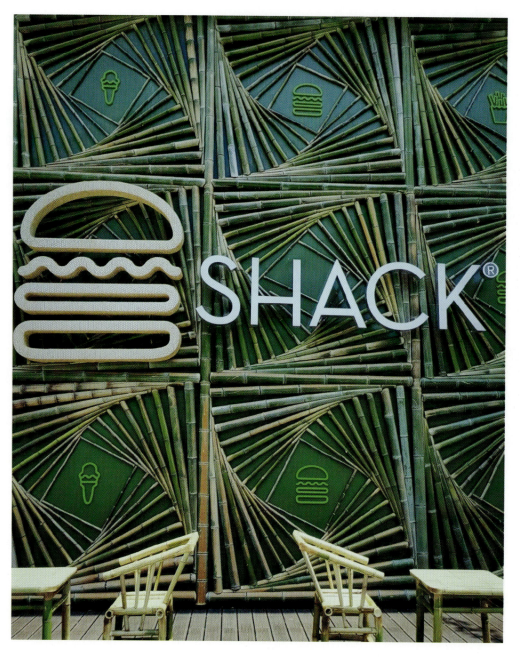

图 5-5　竹编装修围挡

餐厅升级视觉、功能配置。重新装修是一项高额的成本。巴蜀餐饮空间应采取活动的设计,赋予空间多功能性、灵动性。陈设上将活动家私、文化艺术品融入餐饮空间,放置在餐饮空间中装饰空间的同时,后续艺术品升值,方便更新。餐饮空间不失为一个展示艺术品的好场景,巴蜀文化艺术品以这样的方式落入大众视野,可以使得巴蜀文化有更长久的生命力,可以将地域文化用现代方式去诠释。例如,坐落在青城山的青城甲农耕文化餐厅,门是传统的川西老龙门,院墙堆放着柴垛。整个建筑室内墙体所用青砖是回收的新农村建设拆迁下来的旧砖。中庭是川西老院坝,景观环境布置了很多回收的川西农耕时代生活老物件。一架清末的百年雕花木床正对着院坝,楠木的床屏雕花,柏木的床架(如图 5-6)。木床两旁的青砖矮墙上或堆或吊许多回收的白瓷坛(如图 5-7),一对古朴的白瓷坛在过去是幸福美满婚姻的象征。这些老物件凝聚了劳动人民无数的心血和智慧，也保留了一个时代的记忆。回收的老物件除了陈设之外，也有大派用场的。火锅桌并不是工厂定制的，而是收购的旧式八仙桌，将桌子中间统一挖出圆孔，摆进火锅盆。虽然旧桌子大大小小、色彩不一，但是搭配老院坝的用餐环境，十分古典。这种质朴和平民化的空间气质，恰好对餐饮空间可持续发展产生推动作用，做到了最大限度地对环境友好，科学管理和利用自然资源，实现了物质组成的多样化，提高了环境的自净能力。

图 5-6　百年雕花木床

图 5-7　白瓷坛

可持续设计在技术层面,注重更有效、更清洁的技术改造,自然资源消耗的减少,材料产品产出、回收的循环全过程等。可持续设计的巴蜀餐饮空间建筑材料应该是可重复使用的,确保不浪费资源。巴蜀餐饮空间的可持续技术设计,重点在于生态材料的研发,材料产品的回收、重新利用和再生循环。

参 考 文 献

[1] 林向."巴蜀文化"辨证[J].华中师范大学学报(人文社会科学版),2006(04):90-94.

[2] 黎小龙."巴蜀文化""巴渝文化"概念及其基本内涵的形成与嬗变[J].西南大学学报(社会科学版),2017(05):171-182.

[3] 李诚.巴蜀文化研究[M].成都:四川出版集团巴蜀书社,2004.

[4] 吴哲,冀俊平,韩尧.基于巴蜀文化的四川家具创新设计研究[J].工业设计,2017(10):31-32.

[5] 伍琴.巴蜀地区火锅的餐具设计研究[D].江南大学,2012.

[6] 蒋梦菲.从设计方法谈成都地域性公共休闲空间环境保护与更新研究——以老茶馆空间的更新为例[J].美与时代(城市版),2018(02):58-59.

[7] 单宁.巴蜀元素在现代川菜餐具设计中的应用[J].艺术品鉴,2019(26):246-247.

[8] 单宁.基于巴蜀地域文化视角下的餐具设计研究[J].智库时代,2019(21):123,125.

[9] 单宁.地域文化元素在景观小品设计中的应用——以巴蜀文化为例[J].智库时代,2019(45):173-174.

[10] 袁庭栋.巴蜀文化志[M].上海:上海人民出版社,1998.

[11] 吴樱.巴蜀传统建筑地域特色研究[D].重庆大学,2007.

[12] 郑南根.川西传统建筑语汇在新住宅设计中的运用研究[D].西南交通大学,2009.

[13] 王建园.智慧旅游背景下成都旅游社会教育建设探究[D].四川师范大学,2016.

[14] 袁烽,林边.竹里——四川崇州道明镇乡村社区文化中心[J].中国建筑装饰装修,2018(11):92-97.

[15] 李昂.巴蜀名人纪念园林特色研究及其现当代的启示[D].西南交通大学,2009.

[16] 李先逵.巴蜀建筑文化品格与地域特色[C]//首届中国民族聚居区建筑文化遗产国际研讨会论文集,2010.

[17] 袁烽.竹里无限 四川崇州道明镇乡村社区文化中心[J].室内设计与装修,2018(02):102-106.

[18] 袁烽,韩力,张雯.数字人文时代的乡村预制产业化实践[J].建筑学报,2017(10):71-73.

[19] 张新明.巴蜀建筑史——元明清时期[D].重庆大学,2010.

[20] 张学君.唐宋时期的蜀中丝织业——工艺创新与贸易增长[J].文史杂志,2017(04):35-42.

[21] 袁庭栋.关于建设"美食之都"的直言[C]//健康与文明——第三届亚洲食学论坛(2013绍兴)论文集,2013.

[22] 杜莉.川菜文化概论[M].成都:四川大学出版社,2003.

[23] 罗兰秋.巴蜀历史与文化[M].成都:四川大学出版社,2004.

[24] 王瑷琳.导游服务[M].成都:电子科技大学出版社,2011.

[25] 周蓁棹.竹纤维造物的生存与演化研究——以道明竹编为例[D].西南交通大学,2016.

[26] 王勇.市区餐饮业发展现状及规划初步设想[J].城市建设理论研究,2012(24).

[27] 胡安娜,徐达,王学勇.浅析建筑空间中戏剧性叙事设计手法的运用[J].山东农业大学学报(自然科学版),2018(2):208-211,218.

[28] 刘惠玲.餐饮空间的人性化设计探析[D].山西大学,2010.

[29] 柳东昕.生态视角下餐饮空间设计与研究[D].吉林艺术学院,2018.

[30] 徐慧,管蓓.城市餐饮环境污染综合整治现状研究[J].能源与环境,2017(06):61-62.

[31] 陈庆娜.当代都市茶馆作为公共休闲空间审美特征及成因研究——以重庆地区为例[D].西南大学,2014.

[32] 付小平.巴蜀文化元素视觉符号系统的构建研究[J].成都理工大学学报(社会科学版),2011(05).

[33] 杨婕.浅谈视觉传达设计中符号语言的应用[J].数字化用户,2014(24).